新时代新理念职业教育教材·城市轨道交通系列

# 城市轨道交通概论

## （修订版）

主　编　于存涛　刘　敏
副主编　韩丽东　莫耀炜　林海华

北京交通大学出版社
·北京·

## 内容简介

本书是新时代新理念职业教育教材之一，全书共8章，内容主要包括：绪论、城市轨道交通系统规划与设计、城市轨道交通线路与车站、城市轨道交通运营组织与管理、城市轨道交通车辆、城市轨道交通通信信号系统、城市轨道交通供电系统、城市轨道交通信息化。每一章都是一个独立的教学单元，附有教学目标、重点与难点等教学指导信息，以提高课堂教学和学生自学的效果。

本教材是城市轨道交通专业核心教材，可供高职、中职院校选用，也可供从事城市轨道交通专业工作的工程技术人员参考和使用。



**图书在版编目（CIP）数据**

城市轨道交通概论/于存涛，刘敏主编．—北京：北京交通大学出版社，2015.8（2024.7修订）

ISBN 978-7-5121-2364-9

Ⅰ．①城…　Ⅱ．①于…　②刘…　Ⅲ．①城市铁路-轨道交通-职业教育-教材　Ⅳ．①U239.5

中国版本图书馆CIP数据核字（2015）第193027号

责任编辑：陈跃琴

出版发行：北京交通大学出版社　　电话：010-51686414
　　　　　北京市海淀区高梁桥斜街44号　　邮编：100044

印 刷 者：北京鑫海金澳胶印有限公司

经　　销：全国新华书店

开　　本：185×230　　印张：12.75　　字数：283千字

版 印 次：2024年7月第1版第3次修订　　2024年7月第19次印刷

定　　价：36.00元

---

# 丛书编委会

# 出 版 说 明

进入21世纪，我国把“发展城市轨道交通”列入国民经济第十个五年计划发展纲要。在经历了十几年的高速发展之后，中国拥有城市轨道交通的城市已经由2000年的3座（北京、上海、广州）上升至2022年的53个。截至2022年底，全国31个省（自治区、直辖市）和新疆生产建设兵团共开通运营城市轨道交通线路290条，运营里程9584 km，车站5 609座。2022年全年实际开行列车3 316万列次，完成客运量194.0亿人次，完成进站量6.9亿人次。

城市轨道交通的快速发展，带来了对城市轨道交通专业人才的巨大需求。巨大的城市轨道交通人才需求，为职业教育城市轨道交通专业的发展带来了良好的机遇，各职业院校纷纷开设了城市轨道交通相关专业，针对城市轨道交通专业的教材也陆续出版，但总的来说，教材存在体系不完善、内容理论叙述过多、缺乏岗位针对性等问题。

2011年，北京交通大学出版社出版“高等教育城市轨道交通系列教材”，包括《城市轨道交通概论》《城市轨道交通客运管理》等二十多种图书，被全国三十多所学校选用，其中郑州城轨交通中等专业学校连续三年使用，有近万名学生毕业。教学实践中发现，“高等教育城市轨道交通系列教材”存在理论叙述过多、岗位针对性不强等问题。

为促进和规范城市轨道交通职业教育教材体系的建设，满足城市轨道交通专业人才培养的需要，适应目前职业教育“校企结合，工学结合”的教学改革形式，北京交通大学出版社以“高等教育城市轨道交通系列教材”为基础，依托北京交通大学的城市轨道交通专业优势资源和教学资源优势，组织郑州城轨交通中等专业学校、北京交通职业技术学院、新疆铁道职业技术学院等职业院校明星教师，联合北京地铁、郑州地铁和武汉地铁的一线人员，从培养行业紧缺人才、关键岗位人才急需技能的角度，在北京交通大学、郑州地铁公司、郑州铁路局、郑州城轨交通中等专业学校等单位有关领导和专家的大力支持下，共同策划编写了这套“新时代新理念职业教育教材·城市轨道交通系列”。

本系列教材从2015年8月起陆续出版，首批包括：

（1）城市轨道交通概论；

（2）城市轨道交通安全管理；

（3）城市轨道交通票务管理；

（4）城市轨道交通行车组织；

（5）城市轨道交通专业英语；

（6）城市轨道交通运营管理；

（7）城市轨道交通安全常识；
（8）城市轨道交通法律法规；
（9）城市轨道交通客运管理；
（10）城市轨道交通服务礼仪；
（11）城市轨道交通车站设备运用与管理；
（12）城市轨道交通车辆运用与管理。

本套教材的编写，遵照“以就业为导向”的人才培养模式，突出“创新独特”的特点，根据各门课程的授课内容和内容特点，采用最适合这门课的形式进行编写。例如《城市轨道交通专业英语》，授课目的是让学生掌握客服英语会话技能，能看懂英文设备使用说明书，因此在内容安排上大胆创新，采用漫画的方式中英文对照介绍各种客服场合可能会用到的会话和广播内容，并对常用设备图文对照进行功能性介绍。《城市轨道交通安全管理》则结合 30 多个城市轨道交通安全事故进行内容讲解，事故后果触目惊心，学生对所学内容印象深刻。

在内容组织方面，本着理论部分通俗易懂，实操部分图文并茂的原则。理论知识以应用为目的，以够用为原则。实操部分总结了北京、武汉、郑州等地的地铁运营管理经验，侧重实际工作岗位操作技能培养。例如《城市轨道交通行车组织》《城市轨道交通票务管理》等以培养工作技能为主的课程，则“按项目教学，任务驱动”的方式，围绕职业能力的形成组织内容。在文字表述方面，充分考虑了职业院校学生的认知特点，文字简练，通俗易懂；版式生动活泼，图文并茂。

为方便教学，本套教材配套有教学课件，读者可登录北京交通大学出版社网站免费下载。

希望本套教材的出版，能为城市轨道交通的发展、城市轨道交通职业教育人才的培养有所裨益。希望职业院校师生在使用本套教材后能及时反馈意见和建议，我们将根据您的建议来对教材做进一步完善、修订，使我们能更好地为城市轨道交通人才培养服务。

编辑邮箱：825470827@ qq. com。

**北京交通大学出版社**

**2023 年 6 月**

# 前　言

随着我国国民经济的飞速发展，城市化进程的快速推进，城市人口迅速增加，城市交通压力越来越大，城市道路交通拥堵和道路交通带来的环境污染越来越严重。为解决日益严重的城市交通问题，我国许多城市已经开展城市轨道交通的规划建设，截至2023年11月底，全国已有59个城市建成了城市轨道交通系统，总运营里程超过11 000 km，城市轨道交通正逐步成为许多大城市交通发展战略中的骨干，呈现出十分宽广的发展前景。

随着城市轨道交通的建设和发展，各地区均亟需大批的懂得城市轨道交通建设、运营、管理和操作的技术人员和应用型人才。为了适应城市轨道交通人才需求的发展形势，我们编写了本书。本书突出职业教育的特点，本着“教学服务于实践”的原则，围绕职业能力的培养组织内容，突出实用性，文字简洁明了，理论部分通俗易懂，实操部分图文并茂，侧重实际工作岗位操作技能的培养。

本书是城市轨道交通各专业的核心课程教材，对城市轨道交通的规划设计、建设、线路、车站、车辆、供电、通信、信号、运营组织与管理、信息化等方面都做了讲述，还对城市轨道交通的发展趋势做了介绍，使学生对城市轨道交通有一个全面的认识和了解，为后续专业课程的学习打下坚实的基础。

本书分8章：绪论、城市轨道交通系统规划与设计、城市轨道交通线路与车站、城市轨道交通运营组织与管理、城市轨道交通车辆、城市轨道交通通信信号系统、城市轨道交通供电系统、城市轨道交通信息化。每一章为一个独立的教学单元，每一章都有教学目的、重点与难点、建议学时等教学提示信息。为进一步提高学生的学习兴趣和学习效果，每一章中还穿插了知识拓展、案例拓展、小问题、小提示等内容，章后提供复习思考题。

由于编者水平有限，时间仓促，书中不足之处，敬请读者批评指正。

编　者

2024年7月

# 目　录

# 第 1 章

# 绪　论

## 本章导学

本章中，首先介绍城市轨道交通的基本概念，然后介绍地铁、轻轨系统、单轨交通、有轨电车、磁悬浮系统、自动导向轨道系统、市域快速轨道系统等各类城市轨道交通系统的特点，最后介绍了城市轨道交通的发展历史及未来发展趋势。

## 教学目标

1. 掌握城市轨道交通的基本概念；
2. 了解城市轨道交通的技术经济特性；
3. 理解城市轨道交通体系构成；
4. 了解各类城市轨道交通系统的特点；
5. 了解城市轨道交通的发展历史；
6. 了解城市轨道交通系统发展趋势。

## 重点与难点

1. 城市轨道交通的基本定义；
2. 城市轨道交通的技术经济特性；
3. 城市轨道交通体系构成。

## 建议学时

2 学时。

# 1.1 城市轨道交通的概念

城市轨道交通是一种在城市中利用轨道列车进行人员运输的方式，它具有运量大、速度快、安全、准点、保护环境、节约能源和节约用地等特点。随着科学技术进步和城市化发展，大运量的城市轨道交通在现代大城市中起着越来越重要的作用。

## 1.1.1 城市轨道交通的定义

我国国家标准《城市公共交通常用名词术语》将城市轨道交通定义为“通常以电能为动力，采取轮轨运输方式的快速大运量公共交通的总称”。在城市中使用车辆在固定导轨上运行并主要用于城市客运的交通系统均称为城市轨道交通。图 1.1 是运营中的城市轨道交通系统的照片。

图 1.1　城市轨道交通运营现场照片

“城市轨道交通”是一个包含范围较大的概念，一般而言，广义的城市轨道交通是指以轨道运输方式为主要技术特征，是城市公共客运交通系统中具有中等以上运量、专门为城市内公共客运服务的轨道交通系统。随着轨道交通技术的发展，城市轨道交通成为城市公共交通的主干线和客流运送的大动脉，是一种在城市公共客运交通中起骨干作用的现代化立体交通系统。城市轨道交通是城市建设史上最大的公益性基础设施，对城市的全局和发展模式将产生深远的影响。

**小问题**

城市轨道交通和道路交通的区别在哪里？

随着中国城市的不断发展，城市公路交通拥堵问题越来越严重，城市轨道交通在城市生活中发挥着越来越重要的作用。城市轨道交通在我国经历着跨越式的发展，目前我国已经成为世界上最大的城市轨道交通建设市场，图 1.2 是上海地铁，图 1.3 是北京轻轨。

图 1.2 上海地铁

图 1.3 北京轻轨

**实例链接**

据统计，2014 年，北京城市轨道交通运营线路总里程达 527 km，预计 2015 年将达 666 km，日均客运量约 850 万人次，高峰时期日均客运量超过 1 000 万人次；上海轨道交通 2014 年底的运营线路总里程达 577 km，日均客运量约 800 万人次；广州轨道交通运营线路总里程达 275 km，日均客运量约 700 万人次。

总之，城市轨道交通是公交铁路化的产物，城市轨道交通以其大载客量、快捷、准时、安全、环保等优势而成为解决交通拥挤的最有效手段。城市公共交通的轨道化程度已成为一个城市现代化的重要标志之一。

### 1.1.2 城市轨道交通的主要技术经济特性

**1. 城市轨道交通有较大的运输能力**

城市轨道交通高密度运转，列车行车时间间隔短，行车速度高，列车编组辆数多，因而具有较大的运输能力。市郊铁路运输单向高峰每小时的运输能力最大可达到6万~8万人次；地铁达到3万~6万人次，甚至达到8万人次；轻轨达到1万~3万人次，有轨电车能达到1万人次，城市轨道交通的运输能力远远超过公共汽车等其他交通工具。

**实例链接**

据文献统计，2012年北京公共交通日均客运量达到2 060万人次，轨道交通日均客运量为700多万人次，超过公共交通日均客运量的1/3。城市轨道交通能在短时间内输送较大的客流，地铁在早高峰时1 h能通过全日客流的17%~20%，3 h能通过全日客流的31%。

**2. 城市轨道交通具有较高的准时性**

城市轨道交通在专用行车道上运行，不受其他交通工具干扰，基本不产生线路堵塞现象，并且不受气候影响，是全天候的交通工具；轨道车辆能按运行图运行，具有可信赖的准时性。

**3. 城市轨道交通具有较高的速达性**

与常规公共交通相比，城市轨道交通有较高的运行速度，有较高的启动、制动加速度，多数采用高站台，列车停站时间短，上下车迅速、方便，从而可以使乘客较快地到达目的地，缩短了出行时间。

**4. 城市轨道交通具有较高的舒适性**

城市轨道交通的车辆、车站等装有空调、引导装置、自动售票系统等直接为乘客服务的设备，具有较好的乘车条件，其舒适性优于公共汽车等其他交通工具。

**5. 城市轨道交通具有较高的安全性**

城市轨道交通由于运行在专用轨道上，不受其他交通工具干扰，并且当今城市轨道交通都采用了先进的通信信号设备，极少发生交通事故。

**6. 城市轨道交通具有良好的环保特征**

噪声和空气污染是世界各国城市十分关注的有悖于可持续发展的主要环境问题之一，城市中废气和噪声的主要来源是汽车。由于城市轨道交通以电力为动力源，不像内燃机那样有废油及废气的产生，对环境污染较小；并且城市地铁车站和线路深埋地下，振动时产生的噪声对于外界的干扰也比较小；城市轨道交通系统载客多，减少了汽车交通量，使城市中汽车排放的废气和噪声降低，有利于改善城市环境，因而是一种绿色的公共交通系统。

### 知识拓展

城市轨道交通一般采用电力牵引和大运量、集中化运输方式，每运送一位乘客所产生的空气污染微乎其微，各种交通方式完成单位量的运输所排放的二氧化碳量为：轨道交通4.7 g、家用轿车44.6 g、营业用轿车89.3 g、公共汽车19.4 g、铁路4.7 g、海运23.9 g、飞机30.2 g，私人小汽车和营业用小轿车排放分别是轨道交通的9.5倍和19倍，公共汽车是轨道交通的4.1倍。

**7. 城市轨道交通充分利用地下和地上空间**

大城市地面拥挤，土地费用昂贵。城市轨道交通充分利用了地下和地上空间的开发，不占用地面街道，有效缓解由于汽车大量增加而造成的道路拥挤和堵塞，有利于城市空间合理利用，特别有利于缓解大城市中心区过于拥挤的问题，能提高土地利用价值、改善城市景观，示例如图1.4所示。

图1.4 城市轨道交通充分利用地下和地上空间

**8. 城市轨道交通运营费用低，综合经济效益较高**

城市轨道交通系统是电气牵引、轮轨导向、编组运行的封闭或半封闭系统，与常规道路交通系统的单车运行比较，能节省运营所需的人工费用，而且能源消耗低。城市轨道交通车辆的使用年限比常规公交车辆长，其维修费、折旧费均较低。轨道交通系统的建成能够促进沿线地区经济的发展，使城市道路交通拥挤状况得到缓解，能改善城市布局、减少交通事故、减少乘车疲劳程度、提高劳动生产率，综合经济效益较高。

**9. 城市轨道交通具有可持续发展性**

由于城市轨道交通系统快捷、准时、舒适，将吸引原先乘用轿车和骑自行车的乘客及步行者，极大缓解道路交通给环境所造成的压力，如噪声、废气的排放和道路用地等，提高道路安全性，在不损害人员流动的情况下有助于减少市中心的交通压力，对于优化城市结构、解决城市发展中面临的经济与社会矛盾、实现城市的可持续发展战略，具有特别重要的意义。

### 1.1.3 城市轨道交通体系构成

城市轨道交通是一个庞大复杂的技术系统，其专业涵盖了土建、机械、电气、电子信息、环境控制、运输组织等各个门类。从系统角度来看，城市轨道交通系统是由多个分别完成不同功能的子系统所构成的，包括线路、车辆、车站三大基础设备和电气、运行、信号控制等系统，如图 1.5 所示。

图 1.5 城市轨道交通基础设施——线路、车辆与车站

城市轨道交通的运输组织、功能实现、安全保证均应遵循轨道交通的客观规律。在运输组织上，要实行集中调度、统一指挥、按运行图组织行车；在功能实现方面，各有关专业如线路、车站、隧道、车辆、供电、通信、信号、机电设备及消防系统均应保证状态良好，运行正常；在安全保证方面，主要依靠行车组织和设备正常运行，保证必要的行车间隔和正确的行车线路。

城市轨道交通是一个需要多专业、多工种配合，围绕安全行车这一中心而组成的有序联动、时效性极强的系统。现代城市轨道交通系统中，采用以计算机处理技术为核心的各种自动化设备，代替人工操作的机械电气式行车组织、运行控制和安全保障设备，极大地提高了城市轨道交通的安全性和快速性。

**知识拓展**

城市轨道交通系统中，ATC（列车自动控制）系统可以实现列车自动驾驶、自动跟踪、自动调度；SCADA（供电系统管理自动化）系统可以实现主变电所、牵引变电所、降压变电所设备系统的遥控、遥信、遥测和遥调；BAS（环境监控系统）和FAS（火灾报警系统）可以实现车站环境控制的自动化和消防、报警系统的自动化；AFC（自动售检票系统）可以实现自动售票、检票等功能。这些系统各自形成网络，并能统一指挥、分级控制。

## 1.2 城市轨道交通的类型

城市轨道交通种类繁多，技术指标差异较大，世界各国的评价标准各不相同，并无严格的分类，不同的国家有不同的标准和分类方法。

按容量（运送能力），可分为高容量、大容量、中容量和小容量城市轨道交通系统；按导向方式，可分为轮轨导向和导向轨导向城市轨道交通系统；按线路架设方式，可分为地下、高架和地面城市轨道交通系统；按线路隔离程度，可分为全隔离、半隔离和不隔离城市轨道交通系统；按轨道材料，可分为钢轮钢轨系统和橡胶轮混凝土轨道梁系统；按牵引方式，可分为旋转式直流、交流电机牵引和直线电机牵引城市轨道交通系统；按运营组织方式，可分为传统城市轨道交通、城市快速铁路和市郊铁路。

根据我国2007年颁发的《城市公共交通分类标准》，城市轨道交通主要分为7类：地铁、轻轨系统、单轨交统、有轨电车、磁悬浮系统、自动导向轨道系统和市域快速轨道系统。

### 1.2.1 地铁

地下铁道简称地铁（Metro或Underground Railway或Subway或Tube，见图1.6），是城市快速轨道交通的先驱。地铁是由电力牵引、轮轨导向、轴重相对较重、具有一定规模运量、按运行图行车、车辆编组运行在地下隧道内，或根据城市具体条件运行在地面或高架线路上的快速轨道交通系统。

图 1.6 地铁

地铁技术水平要求较高，可靠性和安全性要求也高，因此有建设成本高、建设周期长的弊端，但同时又具有运量大、安全、准时、节省能源、不污染环境、节省城市用地的优点。地铁适用于出行距离较长、客运量需求大的城市中心区域。一般认为，人口超过百万的大城市就应该考虑修建地铁。

**知识拓展**

地下铁路又简称重型地铁，采用标准轨距 1 435 mm；最高时速 80 ~ 100 km，平均时速 30 ~ 40 km；受电方式为 DC 1 500 V 或 DV 750 V，采用架空线或第三轨受电；行车间隔90 ~ 120 s，行车密度高；断面客流 4 万 ~ 8 万人次/h。地铁线路形态以隧道为主。施工方式：一是浅埋式，当轨面距地面的高度差小于 20 m 时，采用明挖法，施工机械及人员出入方便，但施工时须注意对其他管线建筑的影响；二是深埋式，轨面距地面的高度差一般大于20 m，采用暗挖法，对管线、建筑影响较小。

### 1.2.2 轻轨系统

轻轨（Light Rail Transit，LRT）是在有轨电车的基础上改造发展起来的城市轨道交通系统，特点是在轨道上运行，荷载比铁路和地铁小。轻轨是个比较广泛的概念，公共交通国际联会（UITP）关于轻轨运营系统的解释文件中提到：轻轨是一种使用电力牵引、介于标准有轨电车和快运交通系统（包括地铁和城市铁路）之间、用于城市旅客运输的轨道交通系统。一般地，轻轨要求有至少 40% 的轨道与道路完全隔离，以避免拥挤（见图 1.7），这也是它不同于有轨电车之处。

图1.7　轻轨

轻轨系统的最初定义是指采用轻型轨道的城市交通系统。当初确实使用的是轻型钢轨，而如今的轻轨已采用与地铁相同质量的钢轨。所以，目前国内外都以客运量或车辆轴重（每根轮轴传给轨道的压力）的大小来区分地铁和轻轨。轻轨现在指的是运量或车辆轴重稍小于地铁的轻型快速轨道交通。

**知识拓展**

在我国《城市轨道交通工程项目建设标准》中把每小时单向客流量为0.6万~3万人次的轨道交通定义为中运量轨道交通，即轻轨。轻轨的造价约为地铁的1/2，且施工简便，建设工期较短。加之轻轨的单向高峰小时客运量为1万~3万人次，足以大大缓解城市交通状况。典型的轻轨系统一般可运行到离市中心20 km，小时客运量在2万人次，通常建于拥有10万~100万人口的市中心。

### 1.2.3　单轨交通

单轨也称作独轨（Monorail），是指通过单一轨道梁支撑车厢并提供导引作用而运行的轨道交通系统，其最大特点是采用一条大断面轨道并全部为高架线路，车体比承载轨道要宽。根据支撑方式的不同，单轨通常分为跨座式和悬挂式两种：跨座式是车辆跨坐在轨道梁上行驶，跨座式轨道由预应力混凝土制作，车辆运行时走行轮在轨道上平面滚动，导向轮在轨道侧面滚动导向，如图1.8所示；悬挂式是车辆悬挂在轨道梁下方行驶，悬挂式轨道大多由箱形断面钢梁制作，车辆运行时走行轮沿轨道走行面滚动，导向轮沿轨道导向面滚动导向，如图1.9所示。

图 1.8 跨座式单轨

图 1.9 悬挂式单轨

**知识拓展**

单轨交通历史悠久，早在 1821 年英国人 P. H. Dalmer 就开发了单轨铁路，并因此获得发明专利。1888 年，法国人在爱尔兰铺设了约 15 km 的跨座式单轨铁路，采用蒸汽机车牵引，从此有动力的单轨交通走向实用化阶段，但因为车厢摇摆、噪声大等原因，1942 年这条线路停止运营。1893 年，德国人 Langen 发明了悬挂式单轨车辆，1901 年在伍珀塔尔开始运营，线路长 13.3 km，其中 10 km 跨河架设，成为利用街道上空建设单轨铁路的先驱。这条线路至今仍在使用，成为该市的一个历史景观。我国首条跨座式单轨线路是在有“山城”之称的重庆修建的。

单轨与轮轨相比有很多突出的优点：由于单轨客车的走行轮采用特制的橡胶车轮，所以振动和噪声大为减少；两侧装有导向轮和稳定轮，控制列车转弯，运行稳定可靠。高架单轨轨道梁宽仅为 85 cm，不需要很大空间，可适应复杂地形的要求，同时对日照和城市景观影响小。单轨交通占地少、造价低、建设工期短，它的工程建筑费用仅为地铁的 1/3。

单轨交通也存在橡胶轮与轨道梁摩擦产生橡胶粉尘的现象，对环境有轻度污染，列车运行在此区间发生事故时救援比较困难。

### 1.2.4 有轨电车

有轨电车（Tram 或 Street Car）是使用电车牵引、轻轨导向、1 ~ 3 辆编组运行在城市路面线路上的低运量轨道交通系统，如图 1.10 所示。有轨电车是在地面上与其他交通工具混行的轨道交通方式。旧式有轨电车由于运能小、挤占道路、噪声大等问题，在 20 世纪五六十年代时世界上各大城市纷纷拆除有轨电车线路，旧式的有轨电车已停止了发展，基本上完成了它的历史使命。经改造后的现代有

图 1.10 有轨电车

轨电车与性能较小的轻轨交通已很接近，只是车辆尺寸稍小一些，运营速度接近20 km/h，单向运能可达2万人次/小时。

**知识拓展**

有轨电车起源于城市公共马车，为了多载客，人们把马车放在铁轨上。随着电动机的发明和牵引电力网的出现，世界上第一条有轨电车线于1888年5月在美国弗吉尼亚州里士满市开通。到20世纪20年代，美国的有轨电车线路总长达2.5万km。1906年，我国第一条有轨电车线在天津北大关至老龙头火车站（今天津站）建成通车，随后上海、北京、抚顺、大连、长春、鞍山等城市相继修建了有轨电车，在当时的城市公共交通中发挥了重要作用。

### 1.2.5 磁悬浮系统

磁悬浮系统（Magnetic Levitation for Transportation）是一种靠磁悬浮力（即磁的吸力和排斥力）来推动运行的交通系统。磁悬浮列车主要由悬浮系统、推进系统和导向系统三大部分组成，尽管可以使用与磁力无关的推进系统，但在目前的绝大部分设计中，这三部分的功能均由磁力来完成，其工作原理如图1.11所示。

由于磁悬浮列车轨道的磁力使之悬浮在空中，走行时不需要接触地面（见图1.12），只受来自空气的阻力，所以它的最高速度可达每小时500 km以上，目前已成为高速、安全、舒适、节能、环保、维护简单、占地少的新一代交通运输工具。

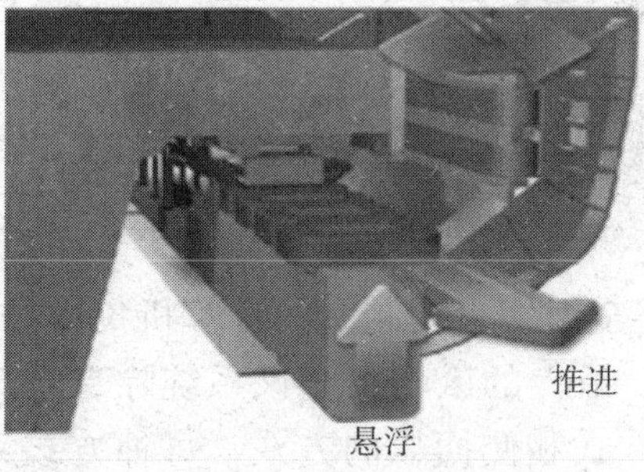


图1.11 磁悬浮系统工作原理

图1.12 走行中的磁悬浮列车

**知识拓展**

磁悬浮列车的构想由德国工程师赫尔曼·肯佩尔于1922年提出。目前，中国、日本、德国、英国、美国都在积极研究这种车。日本的超导磁悬浮列车已通过载人试验，即将进入实用阶段，运行时速可达 500 km 以上。

上海磁悬浮列车专线是由中德两国合作开发的世界第一条磁悬浮商运线，全长 29.863 km，2001 年 3 月 1 日在上海浦东开始建设，2002 年 12 月 31 日全线试运行，2003 年 1 月 4 日正式开始商业运营，上海磁悬浮列车时速 430 km，是世界第一条商业运营的磁悬浮专线。

北京磁悬浮示范线则采用中国拥有全部知识产权的中低速磁悬浮技术，2010 年开始建设，预计 2016 年开始试运营。

### 1.2.6 自动导向轨道系统

自动导向轨道系统（Automated Guideway Transit，AGT）是一个模糊的概念，自动导向系统又称为新交通系统，不同国家和城市对此有不同的理解，目前还没有统一和严格的定义。广义上讲，AGT 是所有现代化新型公共交通方式的总称；狭义上则定义为，由电气牵引，具有特殊导向操作和转向方式的胶轮车辆，单车或数辆编组，运行在专用轨道梁上，中小运量轨道运输系统，如图 1.13 所示。

图 1.13 自动导向轨道系统

AGT 车辆在线路上可自动运行，车站无人管理，完全由中央控制室的计算机集中控制，自动化水平高。AGT 与其他轨道交通有许多相同之处，最大的区别在于该系统除有走行轨外，还设有导向轨。AGT 的导向系统可分为中央导向方式和侧面导向方式，每种方式又可分为单用型和两用型。所谓单用型是指车辆只能在导轨上运行，两用型则指车辆既可以在导轨上运行，又可以在一般道路上运行。

自动导向轨道系统最早出现在美国，当初是一种穿梭式往返运输乘客的短距离交通工具，曾被称为“水平电梯”“空中巴士”“快速交通”，在逐渐发展成一种城市客运交通工具后，一般称之为“客运系统”。后来，日本和法国又作了进一步的技术改造和发展，并使其成为城市中的一种中运量客运交通系统。

## 知识拓展

> AGT 自 1963 年美国西尼电气公司研发面世后，在世界许多地方被逐渐推广采用，尤以日本和法国无论是技术还是规模都处于领先的地位。目前，世界各地已有几十条规模不等、用途不同、具体构造也有所不同的自动导向轨道系统线路。日本有 10 条线路，日本将高架独轨和自动导向轨道系统看作现代化的象征，故从 1976 年起做出规定，自动导向轨道系统可使用国家的财政资助，因而促进了自动导向轨道系统的发展。

我国的自动导向轨道系统目前处在起步阶段，天津市于 2007 年在滨海新区开通了全长 7.6 km 的亚洲首条胶轮导轨线路，北京市于 2008 年奥运会前开通了服务于首都机场 T3 航站楼的自动导向轨道系统，上海市也于 2009 年开通了胶轮导轨电车。

### 1.2.7　市域快速轨道系统

市域快速轨道系统通常分为城市快速铁路和市郊铁路两部分。城市快速铁路是指运营在城市中心，包括近郊城市化地区的轨道系统，其线路采用电气化，与地面交通大多采用立体交叉。市郊铁路是指建在城市郊区，把市区与郊区，尤其是与远郊联系起来的铁路。市郊铁路一般和干线铁路设有联络线，线路大多建在地面，部分建在地下或高架。其运行特点接近于干线铁路，只是服务对象不同。图 1.14 为广东东莞市域快速轨道交通 R2 线。

图 1.14　广东东莞市域快速轨道交通 R2 线

**知识拓展**

市域快速轨道系统伴随着城市规模的扩大、卫星城的建设而发展起来，通常使用电力牵引和内燃牵引，列车编组多在4～10辆，最高速度可达100～120 km/h。市域快速轨道系统运能与地铁相同，但站距比地铁长，运行速度超过地铁，可达80 km/h以上。

## 1.3 城市轨道交通的发展历史

### 1.3.1 城市与城市交通

一般而言，城市规模发展遵循“自由村落—中心村—镇—小城市—中等城市—大城市—特大城市—超级大都市—城市带—城市圈—城市群”的规律。在城市发展的过程中，随着城市个数的不断增加，城市人口的急剧增加，出现了一个人类社会发展的大趋势——城市化。所谓城市化是指人口由分散的农村向城市集中的社会进程。城市化初期，所有先进交通工具基本上是首先用于解决城际交通问题的，并进一步推动着城市化的进程，当城市规模扩大到只有利用交通工具才能保证城市经济生活的正常进行时，城市内部交通系统开始诞生，出现了相应的交通工具，并逐渐有所发展。

城市交通是城市形成与发展的必然产物，是为城市服务的最重要的基础设施。城市交通作为城市经济发展的纽带和命脉，与城市的形成、发展和兴衰紧密相连。正如马克思所说：“没有现代的交通，就没有城市的繁荣。”

虽然城市交通事业的发展有效地保障了城市的经济发展和社会进步，但是由于交通需求的过分增长，在城市化的进程中，不断地暴露出大量的问题，使城市的发展岌岌可危。

**1. 交通拥堵**

研究表明，城区交通流的速度每10年降低5%，拥堵的严重性随城市规模增加而增加。交通拥堵不但增加了市民在出行过程中的时间、精力、财力等消耗，而且使发生交通事故的可能性大大增加。当今，交通拥堵问题已经成为了世界各个城市的一个通病，如图1.15所示。

**2. 环保问题**

二氧化碳和臭氧是影响人类生存环境的两种主要污染物，城市空气的污染大多源于机动车的烟雾排放（见图1.16）。我国500多座城市，大气质量达到一级标准的不足1%。同时，发达国家有15%的人口生活在65 dB以上的高噪声环境下，这些噪声主要来自交通，还有重型货车及夜间货物装卸引起的震动。

图1.15 城市拥堵的交通

图1.16 机动车的烟雾排放

**3. 土地消耗**

交通设施骤然增加，必然会不同程度地影响城市原有历史建筑群。大量机动车辆涌上街道，不但增加对道路的占有量，而且还需要相应地建设大面积的停车场。诸此种种，均大量消耗土地，破坏城市景观。

**4. 能源消耗**

在多数发达国家，运输部门所用的能耗占国家各行业总能耗的25%以上，并且机动车排放大量的二氧化碳，导致全球变暖。

**5. 城市分散化**

机动车运输的发展导致了居民出行距离与出行时间的增加，从而使出行时间和空间更为分散；它反过来又增加了人们对轿车的依赖；减少了公共交通发展的可能性。

重新认识城市交通发展规律，寻求城市交通的可持续发展道路，成为世界所有城市开始关注的问题。优化城市结构，研发耗能少、有利于环保的交通工具，走可持续发展之路，是解决城市交通问题的有效和根本途径，也是21世纪世界城市交通发展的必然趋势。

## 1.3.2 城市轨道交通的出现

轨道交通很早就作为公共交通在城市中出现。从发达国家城市漫长的交通发展历史可以看出，只有发展大客运量的城市轨道交通系统，才能从根本上改善城市公共交通状况。1662年，法国科学家与哲学家布莱斯·帕斯卡尔提出公共马车计划，于是在法国巴黎街头出现了一种可供一定人数乘坐的无轨公共马车（见图1.17），无轨公共马车以固定路线、固定价格、按固定站循环的方式运载乘客，这是历史上第一条公共交通线路，无轨公共马车是城市公共交通的先驱，但是它缓慢颠簸，舒适性较差，且容易造成街道的车辆拥挤及阻塞。

图 1.17　无轨公共马车

1827 年，世界上第一条轨道公共马车出现在纽约百老汇大街上。马车在钢轨上行驶，提高了速度，增加了平稳性，还可以利用多匹马组成马队来提高牵引力，加大车辆规模，降低运输成本及票价。1832 年，这种轨道公共马车在美国纽约的第 4 大街上正式运营。

法国工程师罗伯特在 1853 年把它引进巴黎，由于轨道公共马车比无轨公共马车更有效率、更舒适，所以大受欢迎。到 1879 年，大巴黎区已有 38 条轨道公共马车路线。轨道公共马车在美国及欧洲多国都得到迅速发展，至 1890 年其轨道里程已经达到 9 900 km。

轨道公共马车是现代城市轨道交通的雏形，如图 1.18 所示。

图 1.18　轨道公共马车

伦敦是世界上第一条地铁的诞生地。一条由英国律师皮尔逊鼓动并投资建设的地下城市铁路（Metropolitan Railway）于 1863 年 1 月 10 日正式通车运营，如图 1.19 所示。这条地铁从帕丁顿到弗灵顿，总长6.5 km。动力是向英国铁路公司租借的蒸汽机车。皮尔逊因此被誉为“地铁之父”。“Metro”也成了世界上绝大多数国家城市轨道交通的标志和代号。世界第一条地铁的诞生，为人口密集的大都市如何发展公共交通提供了宝贵的经验。

图1.19 伦敦第一条地铁

伦敦第一条地铁虽然线路仅长6.5 km，但是第一年就运载了950万名乘客，为解决城市交通拥堵问题树立了成功的典范。1879年电力驱动的机车研制成功，使地下客运环境和服务条件得到了空前的改善，地铁建设显示出强大的生命力。世界上知名大都市和其他城市纷纷效仿伦敦修建地铁。至此，城市轨道交通彰显出巨大的优势，成为城市公共交通方式中的“新宠儿”。

## 1.3.3 城市轨道交通的发展及现状

城市轨道交通的诸多优点，决定了世界范围内许多发达城市都在积极建设城市轨道交通。自1863年至1899年，英国的伦敦和格拉斯哥、美国的纽约和波士顿、匈牙利的布达佩斯、奥地利的维也纳及法国的巴黎共5个国家7座城市率先建成了地铁。

在进入20世纪的最初24年里，在欧洲和美洲又有9座城市相继修建了地下铁道，如德国的柏林、汉堡，美国的费城及西班牙的马德里。亚洲最早的地铁是日本东京1927年12月开通的浅草—涩谷线。我国香港的第一条地铁建成于1975年。据维基百科统计①，到2014年10月，全世界已有160个城市建成了城市轨道交通系统，线路总长度超过了11 653 km。

自1969年北京地铁1号线开通以来，经过50多年的发展，我国城市轨道交通已进入快速发展时期。截止2023年底，我国已有59个城市开通运营城市轨道交通线路338条，运营里程达11 224.54 km，其中29个城市的线网规范达到100 km以上。

下面以北京、上海、广州为例，介绍我国城市轨道交通发展状况。

**1. 北京**

北京是中国第一个拥有地铁的城市，1965年7月1日，北京市开始兴建第一条地下铁

① http://en.wikipedia.org/wiki/List-of-motio-systems.

道，即地铁 1 号线，一期工程全长 23.6 km，于 1969 年 10 月 1 日建成通车。此时的新加坡、旧金山、汉城、华盛顿、亚特兰大等国际都市内还没有一寸地铁。随后，地铁 2 号线也于 1984 年 9 月通车试运营。然而此后到 2001 年的这 32 年里，北京共竣工了 42 km 地铁，平均每年只修建 1.3 km 地铁。特别是从 1987 年到 1997 年的十年间，只开通了复兴门到西单的 1.8 km 地铁线路，此时的北京地铁发展已经远远地被其他国际大都市抛在了后面。

随着城市地面交通压力日益增大，北京轨道交通建设开始紧锣密鼓地进行。为了迎接盛大的北京奥运会，在 2008 年 7 月 19 日北京地铁 10 号线 1 期、机场线和奥运支线 3 条新地铁线路同时开通试运营，使运营里程达到 200 km。

2009 年 9 月 28 日，由香港地铁公司参与投资建设并负责运营的北京地铁 4 号线开通，使北京轨道交通运营里程接近 230 km，车站达 147 座。北京地铁房山线、昌平线一期、15 号线一期、亦庄线和大兴线，5 条地铁线路于 2010 年 12 月 30 日正式开通运营，这也使北京的城市轨道交通运营里程达到 336 km。一次开通里程达 108 km，这在国内首屈一指，如此大规模的地铁建设，在世界地铁建设史上也是很少见的。截至 2023 年底，北京的城市轨道交通运营线路长度达 907.08 km，其中地铁 760.79 km，市域快轨 115.33 km，磁浮交通 10.20 km，有轨电车 20.76 km，车站 404 座。图 1.20 为目前北京的城市轨道交通线路图。

图 1.20　北京的城市轨道交通线路图

**2. 上海**

上海轨道交通建设始于 1990 年年初。1989 年 5 月，中德双方正式签署了 4.6 亿马克的地铁专款贷款协议书，1990 年 3 月 7 日国务院正式同意，上海地下铁道工程开工兴建。经过地铁工程建设者不懈的努力，1993 年 5 月 28 日，上海地铁第一条线路——1 号线南段（徐家汇—锦江乐园）建成通车。1995 年 4 月 10 日，上海轨道交通 1 号线全线（上海火车站站—锦江乐园站）建成通车。

截至 2023 年底，上海的城市轨道交通运营线路长度达 967. 13 km，其中地铁 795. 37 km，市域快轨 56. 00 km，磁浮交通 29. 11 km，有轨电车 39. 70 km，自导向轨道系统 6. 29 km，电子导向胶轮系统 40. 65 km，车站 476 座。图 1. 21 是目前上海的城市轨道交通线路图。

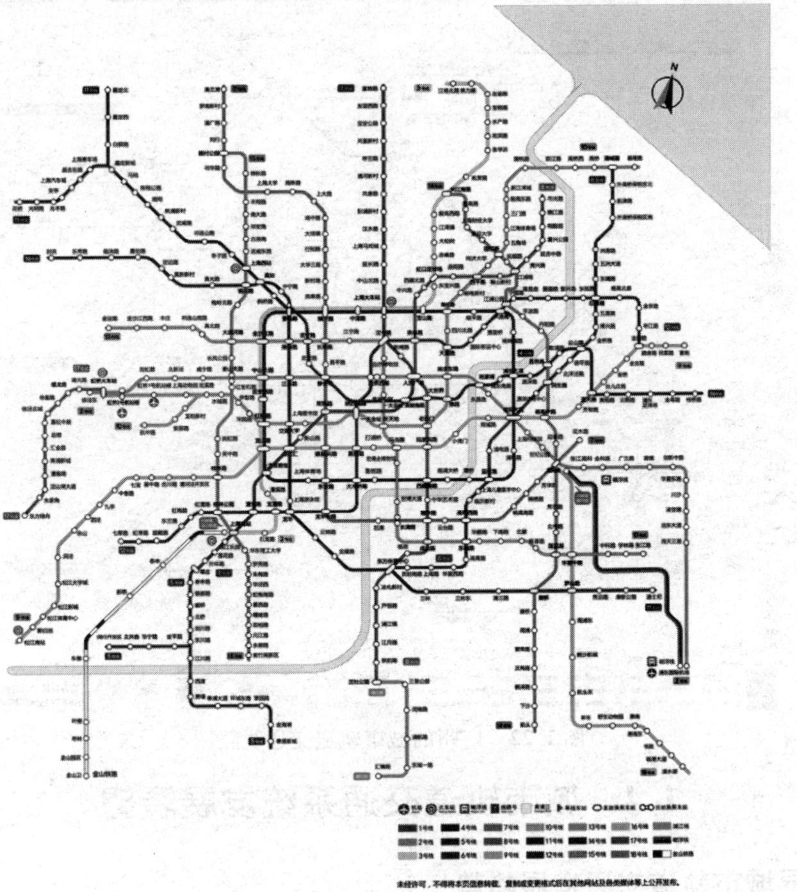

图 1. 21　上海的城市轨道交通线路图

### 3. 广州

广州地铁 1 号线于 1993 年 12 月正式动工，1997 年 6 月开始试运营，首段开通西朗—黄沙段，全线于 1999 年 6 月 28 日正式通车，标志着中国继北京、天津及上海后，广州成为第 4 座建有地铁系统的城市。

2010 年亚运会前开通 6 条新线后，广州成为中国地铁继上海、北京之后第三城。截至 2014 年年底，广州地铁共有 9 条运营线路（1 号线，2 号线，3 号线，4 号线，5 号线，6 号线，8 号线，广佛线及 APM 线），车站 164 座，广州地铁现在的运营总里程为 275 km（含佛山地铁线）。

截至 2023 年底，广州的城市轨道交通运营线路长度达 653. 34 km，其中地铁 550. 84 km，市域快轨 76. 50 km，自导向轨道系统 3. 9 km，有轨电车 22. 10 km，车站 283 座。图 1. 22 是目前广州的城市轨道交通线路图。

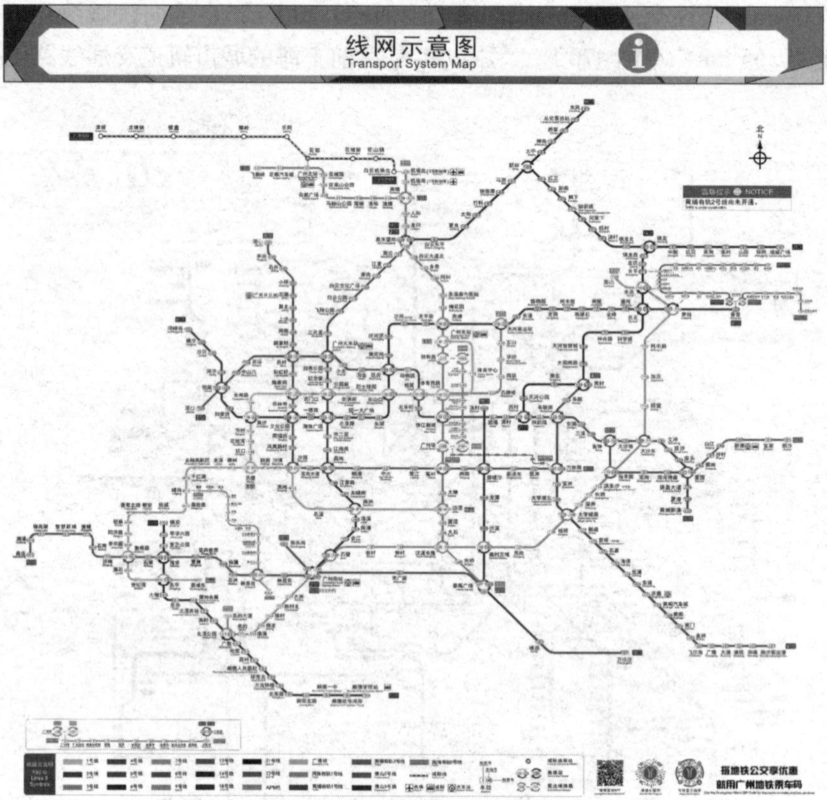


图 1. 22　广州的城市轨道交通线路图

# 1. 4　城市轨道交通系统发展展望

## 1. 4. 1　世界城市轨道交通发展趋势

自 19 世纪 60 年代伦敦建成世界第一条地铁以来，随着经济的发展，特别是城市发展带来了人口的空前剧烈膨胀，城市轨道交通使城市道路交通的运载能力提高到了一个更高的水平。各国在城市轨道交通方面的投资、建设、运营和监督管理等方面都经历了不同模式选择，走过了不同道路。在职能不断变化并逐步走向成熟和完善的过程中，城市轨道交通体现了以下 4 大发展趋势。

### 1. 投资的多元化

城市轨道交通系统的投资规模越来越大，为了解决资金问题和提高轨道交通的效率，很多城市轨道交通都选择由政府和社会资本共同投资。投资主体的多元化现已成为世界轨道交通的发展趋势。投资主体的多元化可以发挥各个投资主体的优势，同时又可以相互监督和约束，从而使城市轨道交通更有效率。

**2. 经营的市场化**

很多城市轨道交通充分发挥市场作用以提高城市轨道交通的运行效率，在城市轨道交通运营上引入市场机制已经成为一种发展趋势。市场化的经营方式充分考虑到了市场经济规律，避免垄断经营或者政府干预太多，能够根据市场信息做出较好的反应，最终提高城市轨道交通的运营效率。

## 知识拓展

日本东京在可经营的市郊铁路上积极引入私铁概念。

香港则借助了市场的力量，从资金管理、建设成本控制、运营管理等方面全方位提高效率，成为世界地铁商业化运作的楷模。相反，纽约城市轨道交通由于没有形成合理的竞争机制，导致目前城市轨道交通的服务质量及运行效率不高。

**3. 管理的法制化**

很多城市对城市轨道交通实行全面法制化管理，以规范各方行为和维护各方利益，以法制化的管理来保障城市轨道交通持续、稳定和高效地运行。城市轨道交通的全面法制化管理也是世界城市轨道交通的重要发展趋势。

## 知识拓展

德国的城市轨道交通建设和运营已经有百年历史，和德国的其他行业一样，德国的城市轨道交通领域也由法律、技术法规和技术标准构成了完善的技术控制体系。德国的《乘客运输法》和《城市轨道交通建设与运营规则》适用于其城市轨道交通领域。

**4. 服务与管理的信息化**

城市轨道交通的计算机控制与安全系统大大提高了城市轨道交通车辆的运行自动化程度。无人驾驶技术更是受到了世界的广泛关注，城市轨道交通系统配备实时到发信息系统，向乘客及时提供列车到发信息；有轨电车系统则通过 GPS 定位技术优化运营；开发非接触式售票系统，实现一体化联合售票，使现代公共交通体系更具吸引力。

**知识拓展**

伦敦道克兰轻轨系统（DLR）是现代自动化信息化城市轨道交通的典范，见图1.23。DLR使用开放式月台系统，大部分车站不设闸机，乘客直接在月台售票机买票。DLR使用无人驾驶技术，不设驾驶厢，原设驾驶厢的地方留有空间供乘客及游客观望沿途景色。DLR列车的时速最高达到80 km。

图1.23 伦敦道克兰轻轨系统

## 1.4.2 我国城市轨道交通的发展目标

我国的城市轨道交通已经进入一个快速发展的阶段。未来二十年，我国百万人口以上的大城市将兴起城市轨道交通建设热潮。

现代社会的特点是高度流动化，因而需要高质量、安全、舒适、准时、快速的交通工具来为城市提供交通服务。传统的公共汽电车方式不能完全适应现代城市发展的需要，必须利用不同运力的交通工具来完成不同需求规模的运输任务。因此，大城市公共交通的发展应以大中运能的城市轨道交通为骨干客运手段，配合低运能的公共汽电车方式，最终形成结构合理、运能与需求匹配的公共交通网络体系。因此，我国城市轨道交通的发展目标如下：

① 便于城市居民出行，达到安全、舒适、快速和准时的目的；

② 缓解城市道路交通混乱局面，建立互不干扰的独立运行系统，产生足够的吸引力，使大量居民放弃自驾车出行而充分利用城市轨道交通客运系统，从而改善道路机动车与非机动车混行的条件；

③ 提供与其他公共客运方式甚至与自备小汽车匹配的运营服务质量；

④ 促进土地有效利用及沿线土地开发，尽量减少轨道系统的占地面积，减小受地理条件制约的影响；

⑤ 地铁和轻轨交通的动力主要是电能，比用其他能源作动力要节省很多能源，而且没有废气排放问题；

⑥ 现代化城市轨道交通系统是高新技术集中应用的典范，充分采用新技术、新工艺和新材料，通过这些高新技术的引进和消化，可以推动我国产业生产体系的革新进步；

⑦ 我国城市人口众多，但经济实力还不强，每修建一条城市轨道交通线路都应本着经济而实用的精神办事，不能因追求高标准而脱离我国的国情；

⑧ 建立相对统一的城市轨道交通系统建设标准和技术标准。

图1.24是满足发展目标的未来城市轨道交通。

图1.24 未来城市轨道交通

## 案例拓展

据报道，天津生态城正在全面建设以立体交通、绿色出行、慢行系统为代表的交通模式。根据规划，生态城和滨海旅游区之间将修建轻轨轨道，该轻轨将成为市区与生态城之间重要的交通工具。轻轨乘客抵达生态城后，可搭乘有轨电车、公交车在城区内往来。轨道交通、城内公交骨干线和公交支线将构成生态城内的三级公交服务体系。不同层级的公交线路之间、公交线路与慢行交通系统之间将分工、衔接，满足片区之间、片区与外围邻近地区之间的公交联系。

## 复习思考题

### 1. 填空题

（1）城市轨道交通是以____________为动力，采取__________方式的快速、大运量公共交通的总称。

（2）城市轨道交通系统是由多个分别完成不同功能的子系统所构成的，包括__________、__________、__________三大基础设备。

（3）城市轨道交通按导向方式，可分为__________和__________城市轨道交通系统。

（4）城市轨道交通按运营组织方式，可分为__________、__________和__________。

### 2. 问答题

（1）城市轨道交通具有什么技术经济特性?

（2）简述城市轨道交通体系的构成。

（3）简述城市轨道交通分为哪几种类型。

（4）简述世界城市轨道交通的发展趋势。

# 第 2 章

# 城市轨道交通系统规划与设计

## 本章导学

本章首先介绍城市轨道交通系统规划与设计的内容、目标，然后介绍城市轨道交通系统规划与设计的基本理论、设计理念和设计过程，最后介绍了城市轨道交通线网规划的基本思路与内容。

## 教学目标

1. 了解城市轨道交通系统规划与设计的主要内容；
2. 了解城市轨道交通系统规划与设计的目标；
3. 了解城市轨道交通系统规划与设计的基本理论；
4. 了解城市轨道交通系统规划与设计的理念；
5. 了解城市轨道交通系统规划与设计的过程；
6. 掌握城市轨道交通系统线网规划的基本思路与主要内容。

## 重点与难点

1. 城市轨道交通系统规划与设计的基本理论；
2. 城市轨道交通系统规划与设计的过程；
3. 路网规划的基本思路与主要内容。

## 建议学时

8 学时。

# 2.1 城市轨道交通系统规划与设计概述

由于城市轨道交通系统具有大运量、高速度、独立专用轨道等特点，城市轨道交通项目具有工期长、投资大的特点，所以城市轨道交通系统的规划与设计在城市规划中非常重要，直接影响城市的基本布局和功能定位，对城市发展有极强的引导作用，对促进城市结构调整、城市布局整合，对整个城市土地开发、交通结构及城市和交通运输系统的可持续发展都有巨大影响。图 2.1 为上海地铁 4 号线规划图。

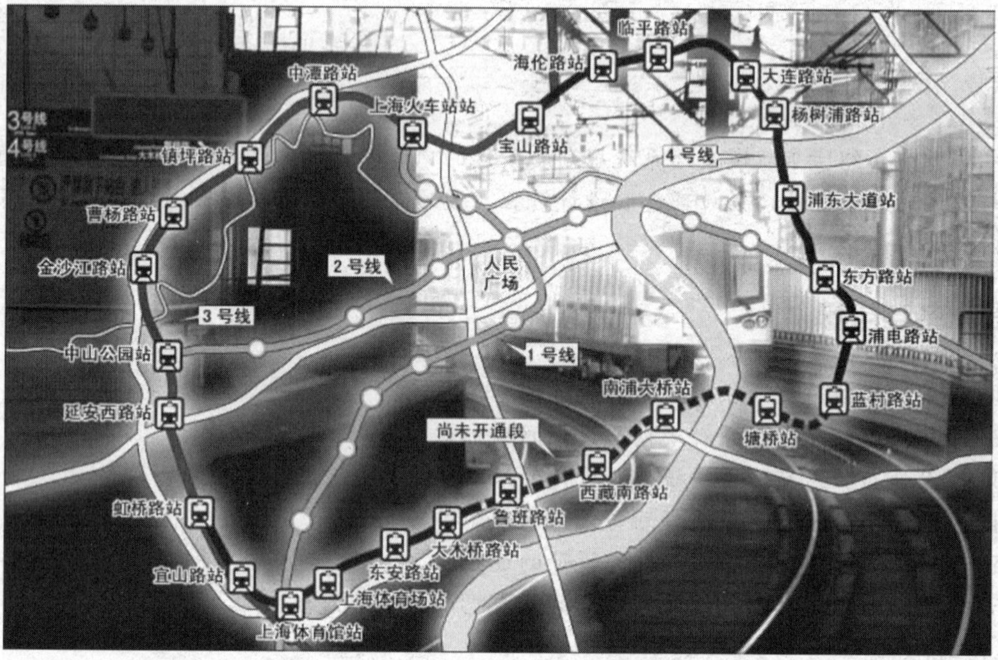


图 2.1　上海地铁 4 号线规划图

## 2.1.1 规划与设计的主要内容

一般认为，城市轨道交通系统规划与设计的主要内容包括以下 9 个方面：

① 功能定位。功能定位主要包括城市经济地理特征分析，城市规划总体目标与城市交通结构的协调性分析，城市轨道交通的功能评估等。

② 线网规划。线网规划主要包括线网规模确定，线网构架方案选择和方案评估等。线网规划是城市轨道交通线路设计和建设的基础。

③ 客流预测。客流预测主要是指在城市规划与综合交通规划基础上进行客流预测，它

是确定轨道交通网络及线路建设规模、能力水平的依据。

④ 可实施性规划。可实施性规划主要包括车站、车辆段、换乘点的选址与规模，线路敷设方式规划，线网建设顺序与运营规划，以及城市轨道交通与其他城市公共交通方式的衔接设计等内容。

⑤ 线路和车站设计。线路和车站设计主要包括线路的走向、线路平纵断面设计、车站的数量及分布、车站的站型设计及换乘站的设计等。

⑥ 轨道交通枢纽的设计与规划。轨道交通枢纽的设计与规划主要包括城市地区枢纽点规划、枢纽客流分析、枢纽换乘设计、枢纽用地分析、枢纽不同方式间的协调等。

⑦ 与其他交通方式的衔接设计。主要工作内容是研究城市轨道交通系统与其他交通方式（包括地面交通、城市间交通等）的衔接，具体包括车站周边其他交通方式站点布局及设计。

⑧ 安全防护设计。安全防护设计主要包括地震防护、火灾防护、水灾防护及杂散电流防护等设施的设计，需要考虑城市轨道交通运营中的安全对策与应急措施。

⑨ 运营规划。运营规划主要包括运输计划与运输能力、列车运行组织与调车工作、客流预测与分析、车站工作组织、运价与票务管理、城市轨道交通系统运营分析等。

**小问题**

为什么在规划与设计阶段就要开始考虑运营问题？

### 2.1.2 规划与设计的目标

城市轨道交通系统规划与设计的目标主要包括以下 3 个：

**1. 协调好交通需求与交通供给之间的关系**

人们的交通行为，实际上是交通需求和交通供给这一对矛盾因素平衡下的状态。城市轨道交通作为城市交通的一种方式，同样是需求和供给平衡下的出行选择。

从“需求”方面看，城市轨道交通系统规划主要满足以下要求：包括城市新城建设、旧城改造等土地发展要求；人口、就业变化下的出行要求；交通发展目标要求；城市重要建设项目的交通连接等。

从“供给”方面看，城市轨道交通规划主要考虑以下内容：线网合理的规模；线网合理的构架；各条线路合理的运能规模和制式；正线、联络线、车站、车场的位置等。

**2. 实现城市土地规划发展目标**

城市轨道交通作为城市客运的骨干系统，其建设将影响城市土地发展的空间方向和功能水平，因此城市轨道交通系统对城市土地发展具有强大的刺激作用。为此，城市总体规划中的发展目标，需要城市轨道交通系统的规划支持，这些发展目标主要包括：城市土地发展方向和结构形态，城市功能的改进——旧城改造、新区发展。

**实例链接**

以我国广州市为例，城市规划是以旧城区为依托，以珠江河道和城市干道为轴线，建立多组团、半网络式的城市空间结构体系。以市北和市东南为发展方向，整个城市由三大组团构成，即中心区大组团、东翼大组团、北翼大组团，形成L形的城市结构形态。为此，必须建设轨道交通线以加强北、东两翼与中心区域的联系，缩短两翼组团与市中心之间的时空距离，使整个城市更具紧密性和整体性。

**3. 实现交通发展战略目标**

作为城市客运骨干系统，城市轨道交通将从根本上改变城市交通系统的格局和结构。城市轨道交通线网必须在布局、规模、运力上与城市综合交通体系相协调，在总体上符合城市交通发展战略，反之则会造成城市综合交通系统的失衡和无序发展。

## 2.2 城市轨道交通系统规划设计理论

### 2.2.1 影响因素分析

在城市轨道交通发展过程中，应选择适合我国国情和城市实际情况的轨道交通系统及其技术装备，避免盲目性、随意性。为此，应充分分析城市轨道交通系统选型的影响因素。

**1. 城市特性**

城市交通与城市社会经济有着极其密切的关系。在分析城市轨道交通时，不能分散地、孤立地、静止地研究问题的症结和寻找解决问题的对策，必须结合以下7个方面的城市特性对城市轨道交通系统的影响因素进行综合分析。

① 城市自然地理条件。城市自然地理条件包括地形、地势、水文、地质、温度、湿度等。城市自然地理条件不仅影响城市轨道交通的设计、施工，而且也影响城市轨道交通造价。因此，在系统规划与设计时要充分考虑这些条件。

② 城市规模和性质。城市规模和性质使城市形成不同特色，影响城市轨道交通系统的选型、规划与设计。

③ 城市人口。客流量是城市轨道交通路网规划和交通方式选择的主要依据，城市人口及其结构、就业情况等是决定客流量的主要因素，因此也在一定程度上影响城市轨道交通系

统的规划与设计。

④ 城市发展潜力和发展趋势。城市发展潜力和发展趋势使城市格局发生变化，这将影响城市轨道交通系统选型、规划与设计。

⑤ 城市经济。城市经济的发展，丰富了人们的社会生活，改变了人们的价值观念，扩大了人们的交往，同时经济的发展促使经济活动日益频繁，活动空间日益扩大。当常规公交无法满足人们对交通数量与质量的需求时，只有发展城市轨道交通系统，才能解决日益紧张的城市交通。另外，城市轨道交通造价相当昂贵，要根据城市经济实力和财政承担能力来选择、规划和设计适宜的城市轨道交通系统。

⑥ 城市土地利用规模。城市土地开发利用与交通是一个相互影响、相互制约的过程。越是大城市，土地利用效率越高，土地价值也越高，其原因是交通的可达性增加了地区的吸引力，带动了城市土地资源的开发利用，促进了经济的发展。因此，合理地利用土地，不但可以产生巨大的经济效益，还可以使城市向合理的结构发展。

⑦ 城市交通状况。城市轨道交通系统的规划与设计，要把城市交通运输作为一个整体考虑，统筹规划，协调配合，以便发挥各种交通工具的优势，组成一个具有较高运输效率的综合交通体系。因此，要充分考虑城市交通的现状，包括城市交通道路、各种交通工具。

**2. 轨道交通系统特性**

城市轨道交通有多种形式，每种形式都有其特性，这将影响城市轨道交通系统的选型、规划与设计。下面介绍3种最主要的特性：

① 系统的形式。不同的轨道交通系统有着不同的特点，甚至有很大的差异，适应范围不同，技术要求不同，所需的建设费用也不同，所产生的效益也不同。

② 运行方式。城市轨道交通系统运行方式有地下、高架和地面3种，地下运行不占用地面道路，运行线路选择比较容易，对环境的影响也较小，尤其是地下运行可以节省土地资源，提高土地使用价值，带动土地的开发和利用。高架运行，可以有效利用地上空间，与地面的交通形成立体交叉，可以提高土地利用价值，而且容易成为城市的一个新景观，示例见图2.2。

③ 技术水平。不同的轨道交通系统其技术，水平也不同，应选择适应交通需要的系统。

图2.2　上海第一条轻轨——明珠线

总之，城市轨道交通系统的规划与设计要受到城市自然地理条件、城市规模和性质、城市发展潜力和趋势、人口规模、经济规模、土地利用规模、基础设施规模，以及城市布局、城市结构、交通状况等多种因素的制约。另外，城市轨道交通自身的有效性、经济性、速达性、安全性、便利性、舒适性、技术水平、运行方式等也影响城市轨道交通系统的规划与设计。在系统规划与设计时，应充分分析这些影响因素，运用科学方法，选择适宜的轨道交通系统形式，做到经济、有效、实用。

## 2.2.2 规划范围分析

城市经济的发展，人口的增加，使城市化速度加快，当城市中心区高密度开发、人口集中到一定程度时，城市就会向郊区疏解，促使城市范围扩大，这时常规公交已经不能适应城市发展，城市交通反过来又制约了城市发展。城市轨道交通因其速度快、容量大、安全、准时等优点，特别是在一些特大城市交通圈的半径达到50～60 km时，必然在城市地域结构变化中发挥巨大作用。

随着轨道交通线网覆盖范围的扩大，中心城市对周围辐射作用得到强化，维持了中心区的活力，同时促进单中心城市向多中心城市发展。因此，在进行城市轨道交通线网规划时，其线网的规划范围应该是全市域，甚至是覆盖整个城市群，图2.3是2020年成都市的城市轨道交通规划图。

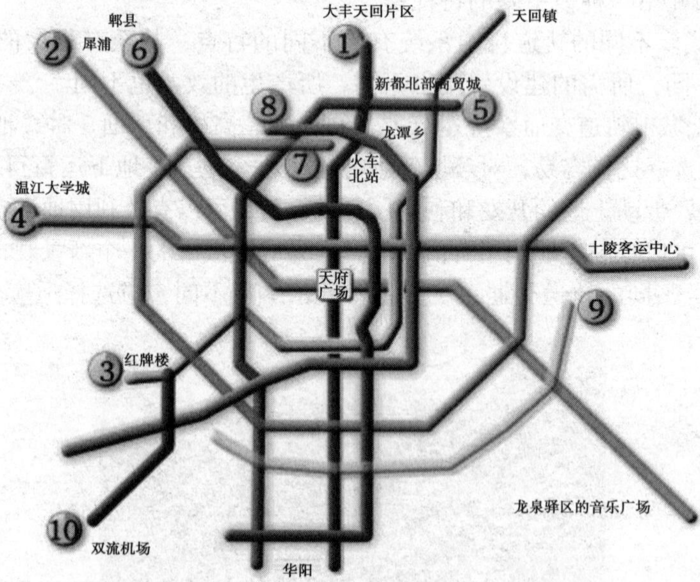


图2.3 2020年成都市的城市轨道交通规划图

**案例拓展**

轨道交通覆盖范围的扩大必然需要相应的市域内的或者城市群内的长距离快速轨道交通线路，在法国巴黎都市圈，大容量放射状的区域快线（ERE）把城市中心区域距离50～60 km的远郊卫星城紧密联系起来。日本东京都市圈的城市轨道交通线网辐射半径已经达到65 km。

### 2.2.3 区域性分析

城市轨道交通发展历史表明，城市发展不同阶段对应着不同的轨道交通类型，不同类型的轨道交通适合于不同城市、不同区域的发展，具体表现如下：

① 有轨电车往往服务于城市中心区，对促进中心区的形成、强化中心区、扩大中心区的影响起着重要的作用。

② 在市区范围内，由于中运量轨道交通的造价相对较低、容易形成网络、覆盖范围广，所以可通过中运量轨道交通在市区范围内实现居民方便、安全、快捷的出行，促进城市范围进一步扩大。

③ 地铁等快速轨道交通主要用于联系外围郊区和市中心，这种联系的强弱与城市的规模有很大关系。

④ 市郊铁路为周边卫星城提供直达城市中心区的交通联系，促进都市圈的形成。有些情况下地铁等快速轨道交通也可以达到市郊铁路服务的距离，服务于通勤交通。

因此，在城市轨道交通线网规划中，要以城市发展的具体阶段和发展需求为依据，合理选择适合城市需求的轨道交通系统，根据城市不同的发展区域，如中心区、建成区、郊区等，结合服务对象的多样化需求，确定轨道交通的范围区域，选择相应的轨道交通类型。

### 2.2.4 规划研究方法分析

**1. 城市交通发展前景判断**

首先，把握城市总体规划的基本思想，确定远景城市人口与用地布局。

其次，把握城市交通发展战略，预计远景年公交出行比重与总量。

**2. 客运主流向分析**

为了能够准确地寻找出城市客运的主流向，现阶段普遍采用公交规划模型，该模型是以客流分配为主体的兼含出行生成、出行分布、出行方式划分、公交运营系统评价等多元素的综合性计算机软件包。

**3. 确定评价指标**

利用交通预测模型从系统功能、网络结构、分期建设和社会贡献四个方面对城市轨道交通网络方案进行评价和分析，并以此确定各类评价指标。

### 2.2.5 设计方法分析

设计阶段不但涉及轨道交通的使用功能、服务水平，而且还是影响投资和运营费用的关键环节。应该根据实际情况和客流的预测，结合当时的技术水平，实事求是地提出切实可行的措施、方法。

**1. 做好客流预测**

客流预测是确定城市轨道交通规模、交通运输方式、线路运输能力、车站规模等的重要数据。因此，这个依据的可靠性、准确性就非常关键。如果客流预测过高，将使建设规模过于庞大，对投资的影响也是巨大的；如果预测过小，又不能满足城市发展的需要。建成后的城市轨道交通，尤其是地铁，再改造是很困难的，同时浪费的追加投资也是巨大的。因此，必须采用科学的预测方法，不惜代价地做好这项基础工作。

**2. 做好沿线周边环境调查**

城市轨道交通沿线多为繁华街区，旧城区由于城市历史悠久，沿线地上、地下有多种管线，建筑物基础及障碍物非常复杂，而且涉及很多部门及单位，勘察设计的调查很困难，甚至是不可能的，而这些基础资料的搜集对设计文件甚至技术方案的成立与否及可实施性起到至关重要的作用。因为，障碍物调查不清，实施过程中就有可能因此而改变线路走向，而改变线路走向的影响非常大。因此，一个优秀的设计方案是建立在扎实的沿线周边环境调查资料基础上的。

**提示：**

目前，城市轨道交通设计中方案多变，给设计、施工造成困难，很重要的因素就是因前期调查不到位而产生的。

**3. 确定合理的车站形式和埋深**

有了准确的客流数据和详细的周边调查后，就可以根据车站功能的要求，结合站位的地质条件，确定合理的车站形式和车站埋深。要做好这一步工作，需要进一步加强以下几个方面的协调工作：

首先是与各管线业主单位的配合和协调。配合是为了搞清楚其管线的数量、敷设深度和位置，协调是为了合理地对其进行处理。

其次，建设与运营应密切结合起来。因为建设单位要千方百计地缩小规模，降低建设投入，而运营部门则希望有较为宽松的环境和舒适的条件。这是一对矛盾，应该合理地解决，使之达到一种平衡。在这个问题上，除了先期结合运营确定好各种系统模式外，还应力求提高技术水平，研究并采用新产品、新设备、新工艺，以此来减小各种设备用房的使用面积，从而降低车站规模。另外，根据实际情况对设于地下的办公房间进行优化，能不放地下的就不放地下，能合并的就合并，能不设的就不设。总而言之，在满足运营要求的前提下尽可能减少地下空间用房面积。

最后，充分研究施工方法。一种适合、适当的施工方法，不仅能够加快工程的进度，而且可以降低工程的投资。研究施工方法有两个方面的含义：一个是基于现有的方法，结合工程现状，选择较为成熟的施工方法，这也是目前常用的；另一个是针对工程实际提出创新，对施工提出更高的要求。不管是哪一种，都需要设计者和操作者通过综合分析来确定，而在确定车站的施工方法时，除考虑本站的周边环境及工程地质状况外，还应充分兼顾区间的施工方法及施工组织，对二者进行综合分析后做出决定。

## 2.3　城市轨道交通系统的规划设计理念

### 2.3.1　规划理念

**1. 概念性规划**

概念性规划以城市的性质、基本职能、发展方向和城市体系等重大问题为研究内容。它对未来一定时段内可能进行的开发建设进行宏观的原则性指导，是城市未来空间发展的战略规划。

概念性规划的主要内容大体包含4个方面：第一，社会经济环境发展战略和目标对策；第二，市域城镇体系规划，基础设施和重大项目的布局；第三，包含主城区在内的市域重点城镇的规模和布局形态、城市化促进区域和城市化控制区范围，以及远景发展框架；第四，研究城市能源、交通、供水、供气等城市基础设施和生态绿地、水域系统开发的重大原则问题。

概念性规划的战略特点是在充分满足社会经济发展需要的前提下，结合实际，创造性地找准每个城市发展的定位。

概念性规划过程中，强调区域、城市之间的对比和不同阶层人士之间的广泛对话，不受过多的行政干预，强调长远的、经济的、社会的、环境的综合效益，满足城市可持续发展；强调生态第一的观点，使生产力的发展与自然充分融和；强调以人为本，强调编制程序的机动灵活，注重规划的继承性和延续性；要求规划内容简化、重点突出、无程式化。其最终成果是多目标、多方案，使规划更有弹性，应变能力强，力求做到实事求是。

**2. 城市引导性规划**

城市轨道交通系统线网中的线路按照功能可分为以下两个类型：

① 客流追随型（SOD）：解决目前交通紧迫问题，符合现状最大客流；

② 规划引导型（TOD）：目前客流不大，但可以引导土地发展导向，支持新区建设。

从科学的角度看，线网中两类线路均不可偏废，从线网规划角度看，应力求使各线路同时具备客流追随和规划引导功能，这样在建成运营后，可同时发挥缓解现状交通压力和引导城市新区发展的双重作用。

城市轨道交通系统引导城市结构发展（TOD），就是通过大幅度提高交通供给，引导周边土地高强度利用。一般整个过程分为4个阶段：团状开发、波浪状开发、带状开发、面状开发，其影响范围变化规律示意图如图2.4所示。

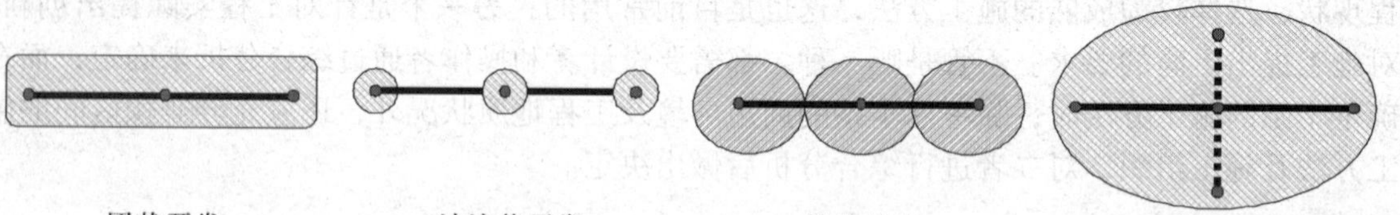


图2.4 城市轨道交通对沿线土地发展影响范围变化规律示意图

**提示：**

城市轨道交通系统TOD作用发挥的关键是确定建设时机。建设过早将形成巨大的浪费和运营负担，建设过晚也会影响沿线土地发展目标的实现。

### 3. 可持续性规划

可持续发展的城市轨道交通建立在可持续发展的理念基础之上，以可持续发展的观念分析、解决城市轨道交通中的各种问题，建立既有利于城市的交通发展需要，又能保证环境、资源和子孙后代发展的轨道交通发展模式。

该模式是一种协和的交通运输系统模式，这种协和包括：①交通与环境的协和；②交通与未来的协和；③交通与社会的协和；④交通与资源的协和。

城市轨道交通是实现可持续发展交通的一种有效手段，是可以实施的具体交通的重要微观理念。城市轨道交通只有符合可持续发展才会具有生命力，可持续发展通过城市轨道交通的实施得以实现。

## 知识拓展

我国大城市当前交通条件严重恶化，人均道路面积每年以10%～15%的速度下降，私人拥有小汽车数量急剧增多，由此产生的各种污染严重超标。要制止这种情况继续下去，就必须要求我们合理制定并不断完善城市轨道交通规划，走可持续发展交通的道路。

**4. 交通疏堵引导性规划**

城市轨道交通作为一种面向大众的捷运工具，既能进一步促进多组团的网络式城市发展，又能有效制衡小汽车交通的过度膨胀。

在人口密集区修建地铁，以地铁疏导交通，仍是发展城市轨道交通的重要任务之一。因为，在发展成熟地区拥有较好的客流基础，既能有效地缓解道路交通压力，又能为日后营运提供财务保障。

**5. 滚动性规划**

鉴于经济的迅速发展、城市空间布局规划的调整优化、城市建设重点和时序的调整及对轨道交通认识和技术水平的不断提高，轨道交通线网规划工作不可能毕其功于一役，有必要每隔四五年进行一次修正。事实上，新的规划或多或少地会吸纳上一轮规划的内容和成果，并根据新的发展情况加以充实和提高。

**6. 线路功能分级和服务一体化规划**

随着城市轨道交通的发展，城市轨道交通网络将需要由不同功能分级的线路组成，基本上包含以下层次：

① 地铁：服务主城区发展密度大和客流量高的走廊；

② 轻轨：服务主城区中等发展密度和客流量的走廊，或主要服务新城区；

③ 市郊铁路：服务主城区和主要发展组团的联络线；服务市区与市郊地区之间的交通；

④ 城际铁路：服务较大规模城市间的直通交通。

随着城市轨道交通线路的增多，服务的一体化，包括票制的协同、换乘的衔接将变得越来越重要，尤其是客运枢纽站的设计，需要从以人为本和方便转乘的角度给予更多的考虑。

## 2.3.2　设计理念

**1. 改变传统**

传统的车站较多强调设施的完备性。实际上在城市中，车站仅仅是为旅客乘降服务的，车站设备布置要简单。一些中间车站可以按无职工车站设计，不鼓励乘客停留，乘客可以在列车上购票、验票。此类车站可使交通建设与运营费用大幅度降低，示例如图2.5所示。

图 2.5　新型地铁车站示例

**2. 合理设置车站出入口**

车站出入口的工程量和造价，从整个轨道交通尤其是地铁工程来说，虽然是微不足道的，但从运营方面来说，由于它是乘客进出轨道交通的门户，却是十分重要的。新建轨道交通对于车站出入口的设置，应根据各自的具体情况，因地制宜进行考虑。

车站出入口为乘客出入轨道交通的门户，设置的位置和数量，要按照“实用、经济、在可能条件下适当照顾美观”的方针，以乘客能方便出入为主，城市景观可适当照顾，但不能本末倒置。车站出入口设置方面，应注意以下事项：

① 设置的位置，应位于较突出、不被遮挡处，一般应设于人行道边或其他较为开阔的地点，并应采用统一的造型和色彩，以及明显的标志，使乘客一望便知，便于寻找；

② 设置的数量，应根据进出站乘客数量及其分布决定；

③ 与其他建筑物结合修建的出入口，原则上在客流较多的建筑物中均应设置出入口，如铁路车站、机场、大型公园、公交枢纽等处。特别是大型商场和超市，与出入口相结合，既有利于商场增加营业收入，又便于乘客直接进入商场购物。合建口应在其门前突出位置设置明显的标志，以利于广大乘客的出入。

新型地铁车站出入口示例如图 2.6 所示。

图 2.6　新型地铁车站出入口示例

**3. 以人为本**

客运交通就是运用交通工具去组织乘客安全、有序、快捷地流动，其服务对象是人。因此，城市轨道交通从规划开始，包括科研、设计、施工的建设，以及运营后组织乘客流动的全过程中，都要贯彻“以人为本”这一服务宗旨，具体表现在以下几方面。

1）方便、快捷

在规划设计时考虑使城市轨道交通与其他公交和自行车换乘方便，车站应设置系统、醒目的导向、服务标志。

2）舒适

在规划设计阶段，在提高乘客舒适度方面，应做好以下工作：

① 弯道应采用限速和外轨加高措施，保证车辆在弯道上行驶时使乘客感觉平稳、舒适；

② 车站设自动扶梯，使乘客能舒适省力地到达站厅和站台；

③ 无障碍设计应确保残疾人能乘坐轨道交通，车站各通道地面应安装盲人走道，设置残疾人升降机，候车的站台可考虑设置求助按钮，乘客需要特殊帮助时，只需按动该按钮，点亮红色求助指示灯，车站值班员凭红灯指示可上前帮助乘客解决特殊困难。

3）安全

在规划设计阶段，在提高乘客安全程度方面，应做好以下工作：

① 在设计时考虑设置火灾自动报警系统，车站装修材料应选用防火材料，车站内加设消防水泵，车站内设防灾广播等；

② 确保车站乘客 6 min 内疏散完毕；

③ 在适当位置设置防雷击、防触电、防渍水、防雪、防风、防震等设施；

④ 确保候车安全，车站地面选用防滑材料，车站上所有危险处所设置安全标志，车站站台铺设安全线，车站在醒目处设置引导乘客紧急疏散的出口、紧急出口、指向等提示标志，夜间有紧急照明灯。

此外，还应加强站台绝缘，安装轨道电位限制器等。

## 2.4　城市轨道交通系统规划设计过程

### 2.4.1　线网方案设计

城市轨道交通系统规划设计的第一步是线网方案设计。由于城市轨道交通线网方案设计影响因素众多，又与其他交通方式一起承担城市交通任务，再加上人的认识的局限性，光靠定性分析或少数几次的定量分析都难以获得满意的线网方案，必须切实有效地把定性分析与定量分析有机地结合起来，构成定性分析与定量分析的循环，在这种循环中逐渐推进规划者的认识深度。线网方案设计的基本步骤可归纳如下：

① 在选择了轨道交通发展模式后，拟定线网规模；

② 建立城市的初始研究对象——交通路网，该路网的线路包含主要的道路及现有的轨道交通线路；

③ 交通路网客流特征分析；

④ 轨道交通初始线网方案设计；

⑤ 线网方案分析；

⑥ 线网方案评价、比选和筛选，建立线网评价指标体系，对线网方案进行比较和筛选；

⑦ 线网方案更新优化。

### 2.4.2 交通系统选择

确定线网方案后，需要进行交通系统选择。在选择过程中，应重点做好以下工作：

① 确立线路走向。根据城市总体规划和城市交通规划做好轨道交通规划。注意，轨道交通规划只能确定线路走向和各线路的车场用地。

② 确定线路规模。通过对每条线路的客流预测，定量地确定各条线路单向高峰小时客流量，就可以确定每条线路的规模；规模确定以后就可以确定该条线路是高容量、大容量、中容量还是小容量的轨道交通。

③ 确定线路的封闭程度。客流规模确定之后，就可以确定线路是全封闭、半封闭还是不封闭。一般单向客流高峰小时 1.6 万人以上时，必须采用全封闭；1.6 万人以下者，还须确定封闭比例；1 万人以下的线路，可选用不封闭。

④ 确定线路设置方式。对于不封闭的区段，一般可采用地面线路；对于封闭线路，要根据周围地理条件确定地下、地面、高架的不同方式。

⑤ 确定特殊要求。根据线路的特殊条件（转弯半径、坡度等）确定系统选择。

### 2.4.3 确定规划的层次性

由于城市轨道交通的规划建设具有近、远期结合的性质，因此需要区分轨道交通规划的合理层次。在我国城市轨道交通规划中，可把轨道交通规划分为以下 2 个层次：

① 轨道交通线网规划；

② 轨道交通线网控制性规划。

同时，还要对规划线网的构成进行一个明确的层次划分，由近期建设的轨道线路、中期建设的轨道线路及需要研究的远期轨道线路来构成整个规划线网。

# 2.5　城市轨道交通线网规划

城市轨道交通线网，作为实现系统功能的载体，具有百年大计的历史效应。从世界范围来看，城市轨道交通线网是逐步建设、循序渐进成网的，因为单条线路无法形成系统规模效应。规划线网时，既要满足城市客流分布的内在规律，也要认识到它对城市发展的导向作用，但同时要避免过度地强调轨道交通对城市发展的引导作用。

## 2.5.1　线网规划的特征

线网规划是城市总体规划中的专项规划，在城市规划流程中，位于综合交通规划之后，专项详细控制性规划之前。线网规划是长远的、指导性的专项宏观规划，它强调稳定性、灵活性、连续性的统一。

① 稳定性就是规划核心在空间上（城市中心区）和时间上（近期）要稳定；

② 灵活性规划延伸条件，在空间上（城市外围区）和时间上（远期）要有灵活变化的余地；

③ 连续性是指线网规划要在城市条件不断变化的情况下不断调整完善。

城市轨道交通线网规划具有以下特征：

① 线网规划既有相对的独立性，又要与城市的总体规划有机地融为一体；

② 线网规划的研究工作涉及城市规划、交通工程、建筑工程及社会经济等多项专业，各专业既相互联系紧密又彼此独立，因此需要采用整体研究方法；

③ 线网规划不能作为一个孤立的系统来进行，既要重视其自身的建设运行机制，又要注重与外部环境及各影响因素的协调关系；

④ 线网规划是一个探索性很强的工作，关键在于探索一条技术路线，将各子系统的研究有机地结合为一个整体。

## 2.5.2　线网规划的基本思路

城市轨道交通线网规划要在确定的规划期限内对整个轨道网的大致走向、总体结构、用地控制、车辆段及换乘站的配置做出规划，线网规划过程实际上是对初级路网不断优化完善的动态滚动过程。

城市轨道交通网络设计的基本思路是：

① 在城市规划方案基础上拟定多个可行路网方案；

② 基于四阶段法进行客流预测；

③ 对方案进行综合评价，确定近期与远期分阶段实施方案。

**知识链接**

在我国，城市轨道交通系统规划已获得了一定的经验和成果。定性、定量分析相结合的线网规划主体思路已经形成，但就某些关键环节来说，依旧缺乏有效的分析工具及方法。例如，在线网架构过程中，初始线网方案集的生成还主要是以定性分析为主，掺杂规划者与决策者较多的主观意图，缺乏定量分析的辅助工具，而国外则偏重基于市场导向的规划设计。

### 2.5.3 线网规划的主要内容

线网规划专业面广、综合性强、技术含量高，从规划实践来看，其主要内容包括城市背景研究、线网构架研究和实施规划研究。

**1. 城市背景研究**

城市背景研究主要是对城市的人文背景和自然背景进行研究，从中总结指导轨道交通线网规划的技术政策和规划原则，主要研究依据是城市总体规划和综合交通规划等，具体的研究内容包括城市现状与发展规划、城市交通现状和规划、城市工程地质分析、既有铁路利用分析和建设必要性论证等。

**2. 线网构架研究**

线网构架研究是线网规划的核心，通过“多规模控制→方案构思→评价→优化”的研究过程，规划出较优的方案。这部分研究的内容主要包括合理规模研究、线网方案构思、线网方案客流测试、线网方案的综合评价。

**3. 实施规划研究**

实施规划是城市轨道交通规划可操作性的关键，集中体现了城市轨道交通的专业性，主要研究内容是工程条件、建设顺序、附属设施规划，具体内容包括：

① 车辆段及其他基地的选址与规模研究；

② 线路敷设方式及主要换乘节点方案研究；

③ 修建顺序规划研究；

④ 轨道交通线网的运营规划、联络线分布研究；

⑤ 轨道交通线网与城市的协调发展及环境要求；

⑥ 轨道交通和地面交通的衔接。

## 知识拓展

线网规划的研究范围一般是规划的城市建成区的范围。在研究范围内，还应进一步明确重点研究范围，即轨道交通线路最为集中、规划难点也最为集中的区域。重点研究范围应根据具体城市特点确定，但一般选择城市中心区域。

从规划年限来看，线网规划可分为近期规划和远景规划。近期规划主要研究线网重点部分的修建顺序及对城市发展的影响，其年限应与城市总体规划的规划年限一致。远景规划是研究城市理性状态（或者饱和状态）下轨道交通系统合理的规划，因此没有具体年限。一般地，可以把城市总体远景发展规划和城区用地控制范围及其推算的人口规模和就业分布作为线网远景规模的控制条件。

## 复习思考题

### 1. 填空题

（1）________是城市轨道交通线路设计和建设的基础。

（2）________以城市的性质、基本职能、发展方向和城市体系等重大问题为研究内容。

（3）解决目前交通紧迫问题，符合现状最大客流的线路称为__________线路。

（4）目前客流不大，但可以引导土地发展导向，支持新区建设的线路称为_________。

（5）城市轨道交通车站的设备配置首先要满足_________的要求。

### 2. 问答题

（1）简述城市轨道交通系统规划与设计的主要内容。

（2）简述城市轨道交通系统规划与设计的目标。

（3）简述城市轨道交通规划的影响因素。

（4）简述城市轨道交通规划的研究方法。

（5）简述线网方案设计的基本步骤。

（6）简述线网规划的基本思路。

（7）简述线网规划的主要内容。

# 第3章

# 城市轨道交通线路与车站

## 本章导学

本章首先介绍城市轨道交通线路的组成及分类，然后介绍城市轨道交通车站的组成、分类、设计形式，重点介绍换乘站设计原则、换乘站的形式及换乘方式，最后介绍城市轨道交通车站的各类机电设备。

## 教学目标

1. 了解城市轨道交通线路的类型；
2. 掌握城市轨道交通线路的组成；
3. 了解城市轨道交通车站的类型；
4. 了解城市轨道交通车站的组成；
5. 掌握城市轨道交通车站的设计原则；
6. 了解城市轨道交通车站的设计形式；
7. 了解城市轨道交通换乘站的设计原则；
8. 了解城市轨道交通换乘方式；
9. 掌握城市轨道交通换乘站的形式；
10. 知道城市轨道交通车站有哪些常用机电设备。

## 重点与难点

1. 城市轨道交通线路的组成；
2. 城市轨道交通车站的组成；
3. 城市轨道交通车站的设计原则；
4. 城市轨道交通换乘站的形式。

## 建议学时

8 学时。

# 3.1 线　　路

城市轨道交通线路是城市轨道交通列车运行的道路设施，是城市轨道交通系统的基本组成部分，是城市轨道交通列车运行的基础。

## 3.1.1 线路的类型

**1. 按照敷设方式分类**

城市轨道交通线路按照敷设方式可分为 3 种：地下线、地面线和高架线。

1）地下线

地下线的线路设置于隧道中，如图 3.1 所示。优点是与地面交通完全分离，且不占城市地面和地上空间，基本上不受气候影响。不足之处是需要较大投资、较高的施工技术、较先进的管理，以及完善的环控、防灾措施。

2）地面线

地面线的线路设置于地面，如图 3.2 所示。优点是造价低，施工方便，运营成本低，线路调整与维护较易。不足之处是运营速度难以提高，占地较多，影响城市道路交通，容易受气候影响，城市环境难以改善，有一定的负效应。

图 3.1　地下线

图 3.2　地面线

3）高架线

高架线的线路设置于高架工程上，如图 3.3 所示。与地面交通无干扰，造价介于地下和地面之间，施工、维护、管理、环控、防灾等方面都较地下线方便。但要占用城市用地，并有光照、景观、噪声等负效应，也受气候影响。

图 3. 3　高架线

**提示：**

在同一条城市轨道交通线路上，上述三种不同的线路可以组合采用。在市中心、人口稠密、建筑密集、土地价值较高的区域，适宜采用地下线，也可适当布置高架线；而在城市边缘区或郊区，则适宜采用地面线。

三种类型线路特点比较如表 3. 1 所示。

**表 3. 1　三种类型线路特点比较**

| 比较项目 | 特点 | | |
|---|---|---|---|
| | 地面线 | 高架线 | 地下线 |
| 土建难度 | 小 | 较小 | 大 |
| 相关设备 | 简单 | 较简单 | 复杂 |
| 投资 | 小 | 较大 | 大 |
| 自然环境对运营影响 | 大 | 较小 | 小 |
| 对城市土地的阻隔作用 | 强 | 较弱 | 无 |
| 对城市环境的影响 | 较大 | 大 | 小 |

### 2. 按照在运营中的作用分类

城市轨道交通线路按照其在运营中的作用不同，可以分为正线、辅助线和车场线，立体交叉的线路布置图如图 3. 4 所示。

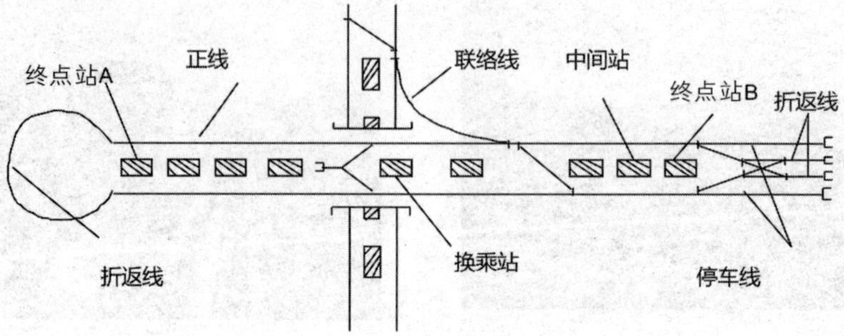


图 3.4 立体交叉的线路布置图

1）正线

正线指贯穿全线各车站、区间，供列车高速运行的线路，其示意图如图 3.5 所示。正线质量的好坏，将直接影响列车运行的安全与稳定。城市轨道交通一般都为复线，均采用列车上下分行的右侧行车制，其正线有上行正线和下行正线两条。

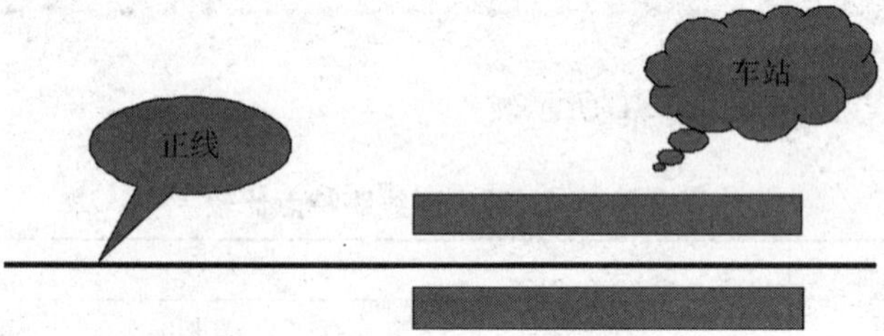


图 3.5 正线示意图

2）辅助线

辅助线是为保证正线运营而配置的线路，是为列车提供折返、停放、检查、转线及出入段等作业的线路。辅助线包括折返线、渡线、联络线、停车线、车辆段出入线、安全线、车库线等。

（1）折返线。

折返线是在线路两端终点站，或者准备开行折返列车的区间站，供运营列车往返运行时调头而设置的线路。折返线包括环形折返线和尽端折返线，尽端折返又包括单线折返和双线折返两种形式，常见的折返线形式示意图如图 3.6 所示。

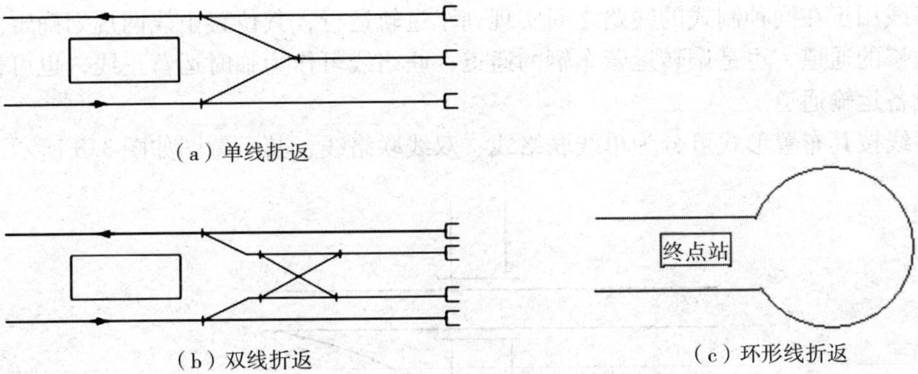


（a）单线折返

（b）双线折返

（c）环形线折返

图 3.6　常见折返线形式示意图

（2）渡线。

渡线是指用道岔将线路上行线、下行线及折返线连接起来的线路。

渡线可满足改变列车进路的需要，也可改变列车运行方向。但在中间站利用渡线进行区间列车折返时，需占用正线进行作业，故对行车组织要求十分严格，且列车运行间隔受其制约将加大，导致线路通行能力下降，安全可靠性存在隐患。所以运行速度较高、运行间隔较短时，不宜采用渡线作为折返方式。常见的渡线形式示意图如图 3.7 所示。

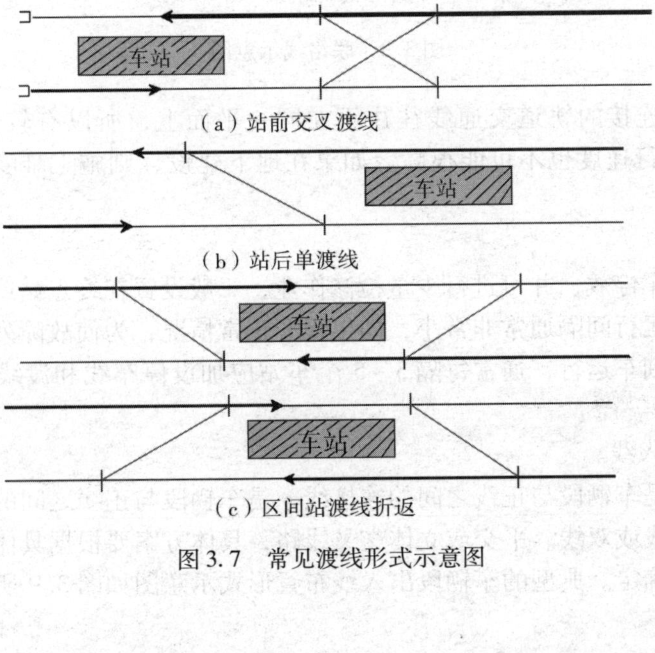


（a）站前交叉渡线

（b）站后单渡线

（c）区间站渡线折返

图 3.7　常见渡线形式示意图

（3）联络线。

联络线用于在同种制式的线路之间实现列车过轨运行，其位置由线网规划确定。联络线是车辆送修的通道，也是调转运营车辆的通道；联络线可作为临时运营正线，也可作为后建线路的设备运输通道。

联络线按其布置形式可分为单线联络线、双线联络线，其示意图如图 3. 8 所示。

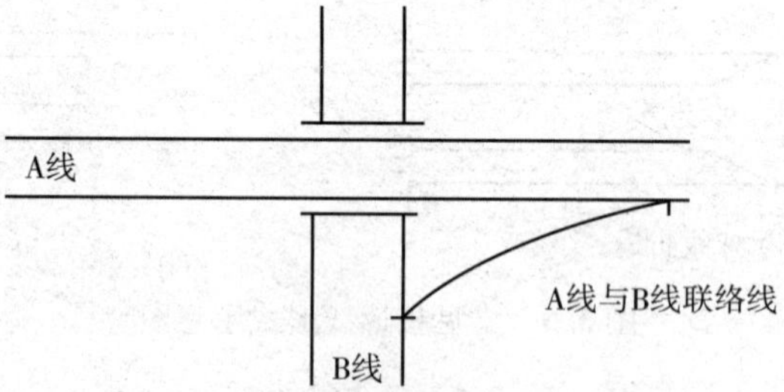


（a）单线联络线

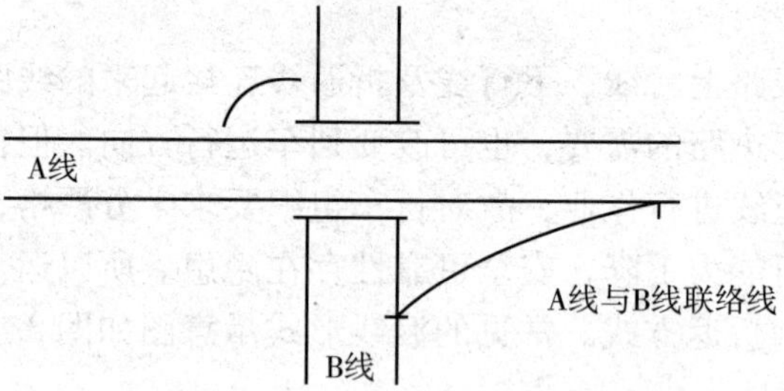


（b）双线联络线

图 3. 8　联络线示意图

因为联络线所连接的轨道交通线往往不在同一平面上，所以有较大的坡道和较小的曲线半径，列车运行速度也不可能很高。如果在地下建设，则施工难度较大，投资也随之加大。

（4）停车线。

停车线用于列车停放，并可进行少量检修作业，一般设置在终点站或区间车站。在正线运营过程中，列车运行间隔通常非常小，如出现非正常情况，为使故障列车能及时退出正线运营而不影响后续列车运行，通常每隔 3 ~5 个车站应加设停车线和渡线，停车线设置形式与折返线类似。

（5）车辆段出入线。

车辆段出入线是车辆段与正线之间的连接线，是车辆段与正线之间的联络通道。车辆段出入线可设计为单线或双线、平交或立体交叉线路，具体方案要根据具体地理条件和远期线路通过能力需要来确定。典型的车辆段出入线布置形式示意图如图 3. 9 所示。

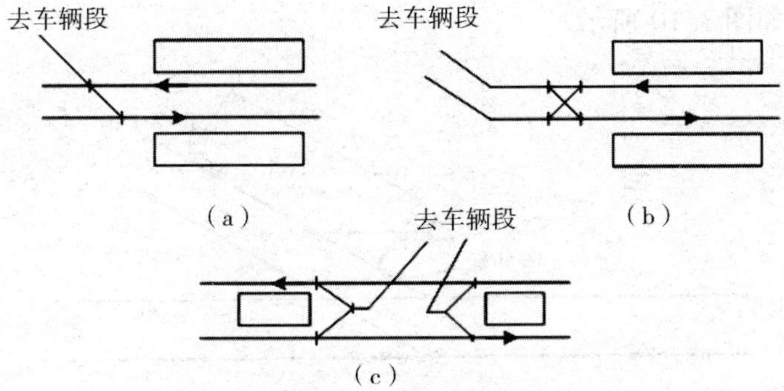


图3.9　车辆段出入线布置形式示意图

## 知识拓展

车辆段是城市轨道交通系统中对车辆进行运营管理、停放、维修及保养的场所。

按照《地铁设计规范》(GB 50157—2003)的规定，地铁车辆段根据功能可分为检修车辆段和运用停车场两部分：

(1) 检修车辆段用于列车的检修工作，根据其检修作业范围可分为架(厂)修段和定修段，与车辆检修维护业务相关的主要有运用库、检修主厂房、静调库、蓄电池间、空压机间、移车台、洗车间、试车线等相关设备设施。

(2) 运用停车场要负责段属车辆的停放、列检和乘务工作。

车辆段的设置原则如下：

(1) 一般情况下，一条运营线路可设置一个车辆段；

(2) 线路长度超过20 km时，为了有利于运营和分担车辆的检查清洗工作量，可在线路的另一端设停车场，负责部分车辆的停放、运用、检查和整备工作；

(3) 本着车辆段及综合检修基地资源的合理配置和共享原则，有些线路也可以共用维修基地。

(6) 安全线。

安全线是为防止在车辆段出入线、折返线等行驶的列车未经允许进入正线，与正线列车发生冲突事故而设置的线路。在以下两种情况下需要设置安全线：

① 当车辆段出入线和正线上运行的列车之间无其他列车隔开设备时，应设安全线；

② 车辆段出入线上列车进入正线前需要一度停车，当停车信号机至警冲标之间的距离

小于制动距离时，宜设安全线。

安全线示意图如图 3.10 所示。

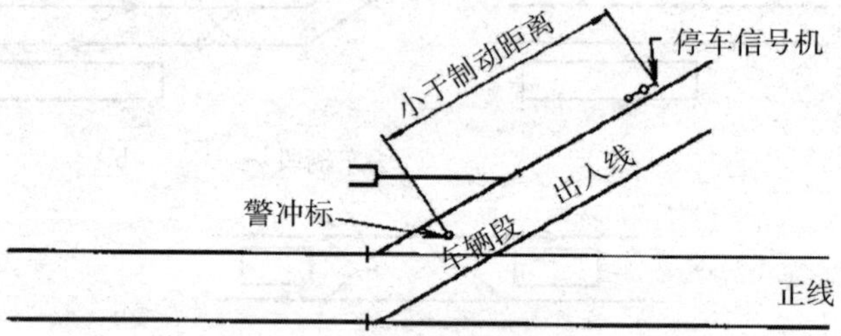


图 3.10　安全线示意图

3）车场线

除了正线以外，每一条运营线都设有一个车辆段，内部铺有若干相互连接的线路，用于停运后列车入库、列车检修、试车、调车等作业，这些线路统称为车场线，具体包括停车线、检修线、试车线、调车线和洗车线。其中，存车线是车场内专门用于停放列车的线路；检修线是专门用于检修列车的线路；试车线是专门用于列车大修后进行试车的线路；调车线是专门用于调车的线路；洗车线是专门用于洗车的线路。

### 3.1.2　线路的组成

目前，大多数国家和地区广泛采用的轨道交通类型是由两根钢轨支撑列车运行的轮轨交通系统。在我国，目前除重庆采用跨座式单轨系统外，北京、上海、天津、广州、深圳等城市的轨道交通系统都采用由两根钢轨支撑列车运行的轮轨交通系统。

因此，城市轨道交通的线路通常指的是由两根钢轨支撑列车运行的线路，这种线路由下部基础和上部建筑两部分组成。下部基础包括整体道床结构，通常包括路基、桥梁和隧道。上部建筑通常指的是轨道。

**知识拓展**

在线路的修建过程中，总是在路基、桥梁和隧道修筑之后才铺设轨道。一般来说，为了减少占地，不与其他交通发生干扰，在市区多采用桥梁及隧道的下部建筑形式来修建，而在郊区为了减少工程量、降低工程造价，则多采用路基的形式来修建。

**1. 路基**

路基是轨道的基础，它直接承受上部轨道重量和轨道传来的列车的压力，因而必须具有足够的强度、稳定性和耐久性。

为了避免路基病害的形成，保证路基状态的良好，路基排水是首先要解决的问题，尤其是路堑地段，不但要排地表水，还要注意排地下水；如果因路堤的修建影响了自然地表水的排泄，就需要在路堤之下修建涵洞引导地表水通过线路，避免地表水在线路一侧汇集成水潭对路基进行浸泡。另外，应加固边坡，避免雨水冲刷造成坡面变形，从而保持路基的坚固和稳定。边坡加固的方法主要有种草、喷浆、抹面、砌石和修筑挡土墙等。

**2. 桥梁**

桥梁的原始作用是跨越障碍物，使道路得以往前延伸。如今，桥梁除了仍然具备跨越障碍物的功能外，还具有在城市实现立体交通的功能。城市轨道交通的高架桥在改善城市交通的同时也在美化城市。图3.11为上海地铁的一座高架桥。

图3.11　上海地铁高架桥

城市轨道交通高架桥具有如下特点：

① 长且平。长度从几百米到二三十公里不等；处于城市之中，除与地下交接的过渡段起伏较大外，其他区段相对比较平顺。

② 窄。不像市政城市桥梁有十几米、二十几米宽，轨道交通高架桥单线桥宽5 m左右，双线桥宽度也不过9.5 m。

③ 要求高。为了满足乘客舒适性的要求，大多数高架桥都设计为无缝线路，桥墩要求刚度较大，使得桥墩要比一般市政桥梁大，同时对基础的沉降要求较高。

进行城市轨道交通高架桥设计时，在考虑结构自身的构造要求及强度要求的同时，应注重桥梁的艺术造型，要把对结构的美化设计放在突出位置，尽量与周边环境统一协调，融为一体。结构造型与各部位尺寸比例应相互协调，梁体结构舒展流畅，下部构造简洁轻巧，通透性好，使高架桥成为城市的一道靓丽风景线。

**3. 隧道**

隧道是线路在翻越山岭时，为了避免开挖深路堑或修建很长的迂回线而常常用于穿越山岭的建筑物。隧道的功能除了穿越山岭，还能穿越江河、湖泊，甚至穿越海峡。而在城市轨道交通中，隧道的作用则是将城市轨道交通线路修建在地下，帮助城市轨道交通实现与其他交通方式立体交叉。城市轨道交通隧道如图 3. 12 所示。

图 3. 12　城市轨道交通隧道

在市区修建城市轨道交通常常要开挖地下隧道。虽然修建地下铁道工程巨大、造价昂贵，但是地下铁道对于改善城市交通、树立良好的城市形象所创造的社会价值则更大。

**4. 轨道**

轨道是整体的工程结构，它的作用在于引导列车安全、快速、平稳地沿着路线延伸的方向运行，把列车的重力及列车在运行过程中所产生的冲击力均匀地传递给路基或桥隧建构物。轨道一般由道床、轨枕、钢轨、防爬器和道岔等组成。轨道构成示意图如图 3. 13 所示。

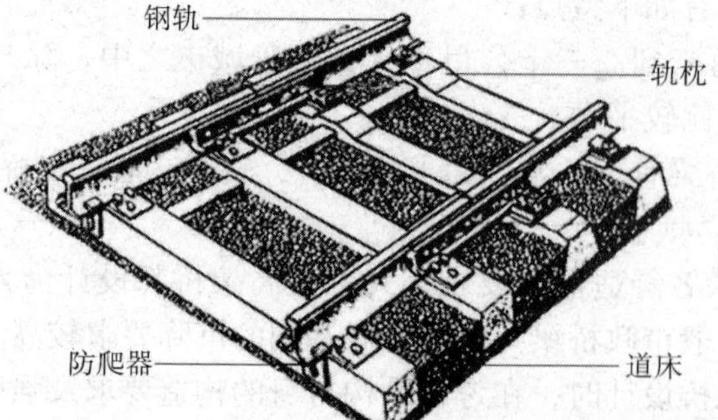


图 3. 13　轨道构成示意图

# 3.2 车　　站

在城市轨道交通的线路上，供列车到、发、通过及乘客正常乘降的分界点称为车站。车站是城市轨道交通运输工作的基层单位，是供乘客乘降列车的处所。大量的行车、客运设备均设在车站，车站除办理客运业务外，还办理列车到发及调车等行车作业。车站也是地铁内部各工种进行各项作业的汇合点。

## 3.2.1 车站的分类

车站可按空间位置、站台形式、作业性质的不同进行分类。

**1. 按空间位置不同分类**

车站按空间位置不同可以分为地下车站、地面车站和高架车站，其空间位置示意图如图3.14所示。

(a) 地下车站

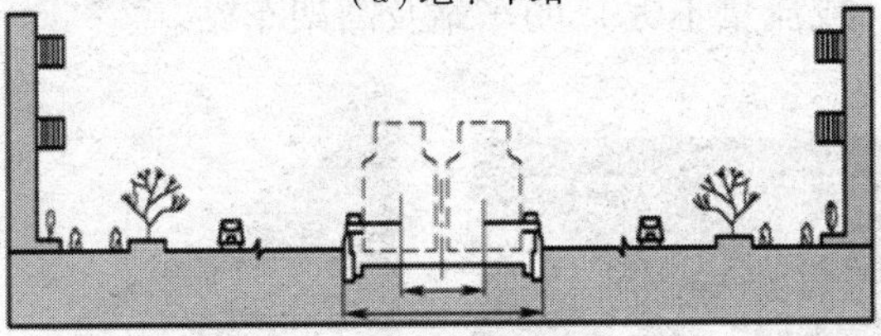

(b) 地面车站

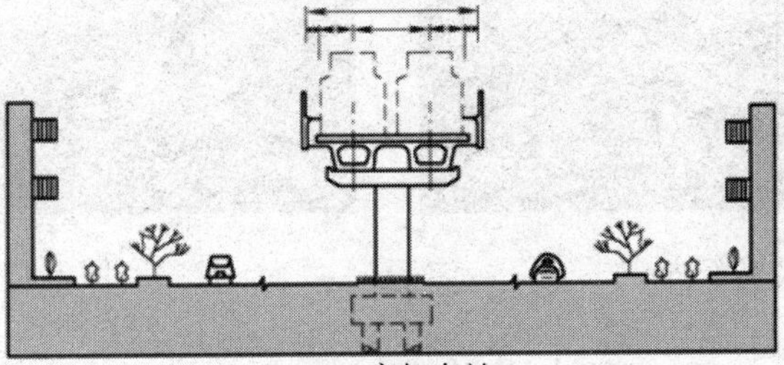

(c) 高架车站

图3.14　车站空间位置示意图

**2. 按站台形式不同分类**

车站按站台形式不同可分为岛式车站、侧式车站和岛侧混合式车站，各类车站的站台与线路的位置关系示意图如图 3. 15 所示。

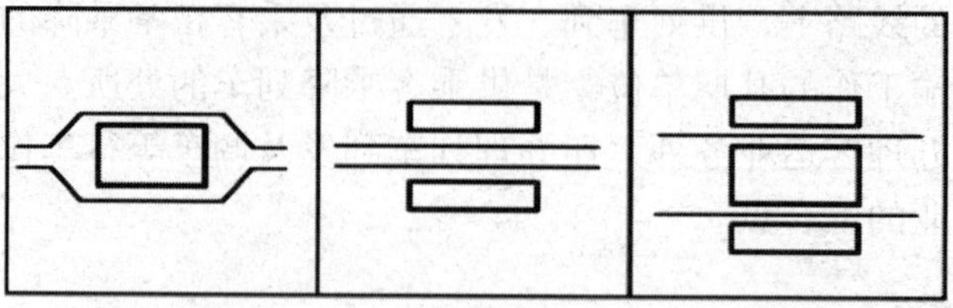

（a）岛式车站　（b）侧式车站　（c）岛侧混合式车站

图 3. 15　各类车站的站台与线路的位置关系示意图

1）岛式车站

岛式车站的站台位于上、下行行车线路之间，如图 3. 16 所示。岛式车站是常见的一种车站形式，具有站台面积利用率高、能调剂客流、乘客中途改变乘车方向方便、车站管理集中、站台空间宽畅等优点，因此常用于客流量较大的车站。

2）侧式车站

站台位于上、下行行车线路的两侧的站台布置形式称为侧式站台，具有侧式站台的车站称为侧式车站，如图 3. 17 所示。侧式车站站台上、下行乘客可避免相互干扰，正线和站线间不设喇叭口，造价低，改建容易，但其缺点是站台面积利用率低、不可调剂客流、中途改变方向须经过地道或天桥、车站管理分散、站台空间不及岛式宽畅。因此，侧式站台多用于两个方向客流量较均衡（或流量不大）的车站及高架车站。

图 3. 16　岛式车站

图 3. 17　侧式车站

3）岛式混合式车站

将岛式站台及侧式站台同设在一个车站内，具有这种站台形式的车站称为岛侧混合式车站。

**3. 按作业性质不同分类**

车站按作业性质不同，可以分为中间站、换乘站、区域站、枢纽站、联运站、终点站等。各类车站的特点如下：

① 中间站仅供乘客上、下车之用，功能单一，是城市轨道交通路网中数量最多的基本站型。

② 换乘站是位于两条及两条以上线路交叉点上的车站，除供乘客乘降之用外，还供乘客由一条线路的列车换乘到另一条线路的列车上去。

③ 区域站（折返站）是设在两种不同行车密度交界处的车站。站内设有折返线及相关设备，区域站兼有中间站的功能。

④ 枢纽站可接、送两条线路上的乘客，由此站分出另一条线路的车站。

⑤ 联运站具有中间站及换乘站的双重功能，车站内设有两种不同性质的列车线路进行联运及客流换乘。

⑥ 终点站是线路两端的车站，除供乘客上、下车外，还能供列车折返、停留和临时检修用，终点站一般设有停车线。

## 3.2.2　车站的组成

对城市轨道交通系统来说，各种车站一般都由车站主体、出入口及通道、通风道及风亭（地下）和其他附属建筑物组成，如图 3.18 所示。

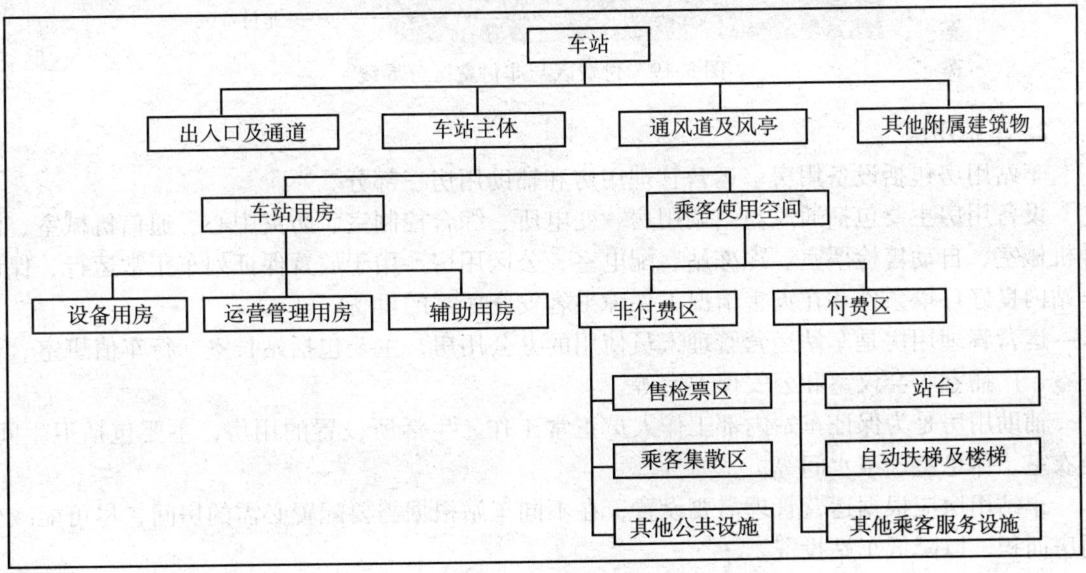


图 3.18　车站组成

车站主体是列车的停车点，它除了要供乘客上下车、集散、候车外，一般也是办理运营业务和设置运营设备的地方，下面对它进行重点介绍。车站主体根据功能的不同，可分为以下两大部分：

**1. 乘客使用空间**

乘客使用空间又可分为非付费区和付费区两部分。

非付费区是乘客购票并正式进入车站前的活动区域。它一般应有较宽敞的空间、售检票设备，根据需要还可设银行、公共电话、小卖部等设施。非付费区的最小面积一般可以参照能容纳高峰时段 5 min 内聚集的客流量来推算。

付费区包括站台、楼梯和自动扶梯、其他乘客服务设施等。它是为乘客候车服务的设施。对于一般的城市轨道交通车站来说，通常非付费区的面积应略大于付费区。

付费区和非付费区通常以闸机位置作为分界线。如图 3－19 所示。

图 3.19　付费区与非付费区分界线

**2. 车站用房**

车站用房包括设备用房、运营管理用房和辅助用房三部分。

设备用房主要包括通风与空调用房、变电所、综合控制室、防灾中心、通信机械室、信号机械室、自动售检票室、冷冻站、配电室、公区用房，用于放置保证列车正常运行、保证车站内良好环境条件和在灾害情况下保障乘客安全所需的设备。

运营管理用房是车站运营管理人员使用的办公用房，主要包括站长室、行车值班室、业务室、广播室、会议室和公安保卫室等。

辅助用房是为保证车站内部工作人员正常工作、生活所设置的用房，主要包括卫生间、更衣室、休息室、茶水间等。

车站用房应根据运营管理需要设置，在不同车站根据需要配置必需的房间，尽可能减少用房面积，以降低车站投资。

### 3.2.3　车站的线路

车站线路包括正线、折返线和存车线。所有车站都应设有正线，根据车站作业的需要还须配置各种用途的线路。一般来说，中间站只设置上、下行正线，终点站和折返站应设置折返线或渡线，它的折返能力应与该区段的通过能力相匹配。当两折返站相距过长时，宜在沿线每隔 3 ~ 5 个车站的站端加设存车线。北京地铁 13 号线沿途各站的线路配备形式如图 3. 20所示。

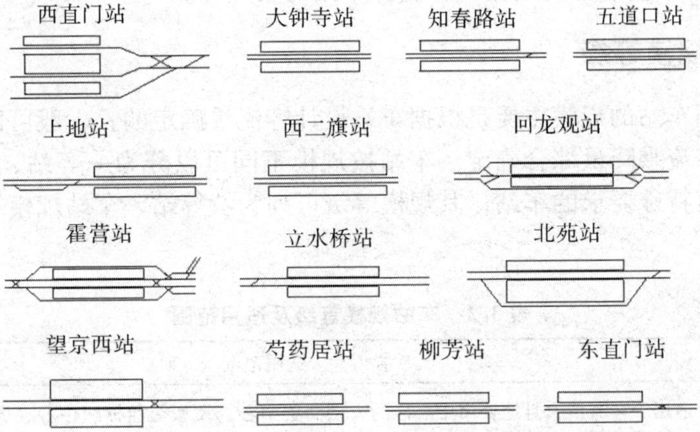


图 3. 20　北京地铁 13 号线沿途各站的线路配备形式示例图

**知识拓展**

- 车站线路的长度应按远期列车长度加 30 m 设计。
- 地下车站的线路通常按凸形断面设计。
- 车站线路的坡度一般不大于 3‰。

### 3. 2. 4　车站的设计原则

《地铁设计规范》（GB 50157—2003）中规定，地铁工程设计，必须符合政府主管部门批准的城市总体规划和城市轨道交通线网规划，因此城市轨道交通车站的设计应满足以下原则：

① 总体设计。应妥善处理与城市总体规划、城市交通、城市轨道交通线网规划、地面建筑、地下管线、地下建筑物之间的关系；应考虑对城市景观的影响，并注意与周围环境的协调，如与城市景观、地面建筑规划相协调。

② 规模与布局。应按远期运量需求设计，要满足路网远期规划的要求，并预留适当的能力余地。

③ 经济性。在满足设计目标的情况下，应尽量减少占用地面面积，尽量减少土建工程，

尽可能地与物业开发相结合，使土地的使用达到最经济。

④ 建筑风格。应简洁、明快大方、易于识别，并应体现现代交通建筑的特点。

⑤ 方便乘客。贯彻以人为本的思想，车站需要解决好通风、照明、卫生等问题，以便为乘客提供安全、快捷和舒适的乘降环境。

⑥ 安全性。车站应考虑防灾设计，确保车站的安全性。

### 3.2.5 车站的规模等级

城市轨道交通车站的规模主要是根据车站设计客流量确定的，一般可以参照日均客流乘降量和高峰小时客流乘降量综合确定。车站按规模不同可以分为一等站、二等站、三等站。客流量特别大、有特殊要求的车站，其规模等级可列为特等站。车站规模等级及适用范围如表3.2所示。

**表3.2 车站规模等级及适用范围**

| 规模等级 | 适用范围 |
|---|---|
| 一等站 | 适用于客流量大且地处市中心区的大型商贸中心、大型交通枢纽中心、大型集会广场、大型工业区及位置重要的政治中心地区 |
| 二等站 | 适用于客流量较大且地处较繁华的商业区、中型交通枢纽中心、大中型文体中心、大型公园及游乐场、较大的居住区及工业区 |
| 三等站 | 适用于客流量小且地处郊区的车站 |

### 3.2.6 车站的设计形式

车站是空间、光和结构三者协调的一门艺术。同其他建筑物一样，车站是由物质实体（如墙、门窗、柱、梁板和屋顶等）及其所包围的空间组成。现代建筑理论认为，空间是建筑的目的，实体是建筑的手段。空间和实体之间是一种对立统一的关系。不同实体方案对空间的处理与感受有很大的不同。一般地，车站根据实体形式可以分为古典、现代、民族和地方等几种风格。

**1. 古典风格**

古典风格的车站一般使用木材、石料、砖等传统建筑材料，其特点是内外墙面、柱及屋顶等各部分都有复杂的装饰、彩画、雕刻。古典风格可以创造一种富丽堂皇的宫廷建筑形式，适合在穿越具有历史保护价值的古建筑群内或附近建设的车站，显示车站建筑对历史的尊重。古典风格车站示例如图3.21所示。

图3.21 古典风格车站示例

**2. 现代风格**

现代风格车站一般采用钢、玻璃、有机材料等建筑材料，其特点是墙面、柱、顶等部分的装饰简洁明快。现代风格忽视传统，追求技术运用的效果，如玻璃的透亮、钢的清秀，强调材料的质感、色彩、纹理，时代感强，适合现代快节奏社会中人们的审美情趣，且可以采用现代技术施工，速度快，经济性好。现代风格车站是多数车站采用的风格，示例如图3.22所示。

图3.22 现代风格车站示例

**3. 民族风格**

由于每个民族都有不同的文化特点和审美情趣，建筑领域内民族风格往往体现在形象方面。例如，汉族的建筑色彩较为浓烈，西洋建筑则注重本色；中国民族建筑以木质居多，形象庄重古朴，西洋建筑则以石料为多，常显得比较厚重；中国建筑多来自神话与传说，西洋建筑更多体现宗教等。

车站建筑要尊重使用者的民族审美特点，尽量做到既能为乘客乘车提供良好的文化环境，又能为车站建筑本身增添特色。当然，民族风格也在不断发展变化。

**4. 地方风格**

一般说来，地方风格是人们多年来适应当地自然条件的结果，这种结果在建筑方面聚积，逐渐成为建筑文化的一部分，即地方风格的建筑。

地方风格主要考虑地理因素的变化。我国内陆地区多为少雨干旱地区，北方地区还有较多的风沙，这些导致各地建筑风格各有特色。就我国而言，寒冷地区的建筑要厚重、封闭些；热带地区的建筑要轻巧、通透些，西北干旱地区可设计平顶建筑，而多雨地区则一般设计陡坡屋顶。地方风格车站示例如图 3. 23 所示。

图 3. 23　地方风格车站示例

## 3. 3　换乘站

换乘站位于两条及两条以上线路交叉点上，是城市轨道交通线网最重要的节点，在城市轨道交通线网中具有重要作用。

### 3. 3. 1　换乘站设计原则

为提高运营效率，换乘站设计应遵守以下原则：

① 换乘通道不宜过长。换乘长度关系到城市轨道交通系统的吸引力，也影响着对乘客的服务水平。因此，换乘通道长度不宜超过 100 m，长度超过 100 m 的换乘通道，宜设置自动步行道。

② 尽量客流分离。换乘站客流较为复杂，包含进站客流、出站客流和换乘客流。因此，换乘路线要明确、简捷，尽量方便乘客；换乘客流宜与进出站客流分开，避免相互交叉干扰。

③ 换乘能力应满足远期换乘需求。地铁各线路之间及与其他轨道交通线路交会处的换乘站，换乘设施的通过能力应满足预测的远期换乘客流量的需要。不能同步实施时，应预留接口。

④ 换乘方式合理。应周密考虑换乘方式，合理确定换乘通道及预留口位置。

⑤ 应尽可能节省造价。

## 3.3.2　换乘方式

根据乘客换乘的客流组织方式，可将车站换乘方式分为同站台换乘、结点换乘、站厅换乘、通道换乘、站外换乘和组合换乘。

### 1. 同站台换乘

同站台换乘是指两条不同线路的站线分设在同一站台的两侧，乘客可在同一站台由甲线换乘乙线。同站台换乘的布局分为同层换乘和不同层换乘两种，其车站布局形式如图3.24所示。

同站台直接换乘的换乘线路最短，没有换乘高度的损失，乘客换乘非常方便，如工程条件许可，应积极采用。

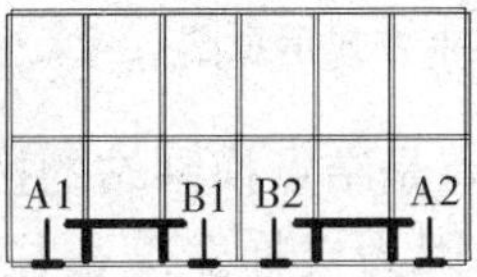


（a）同层换乘

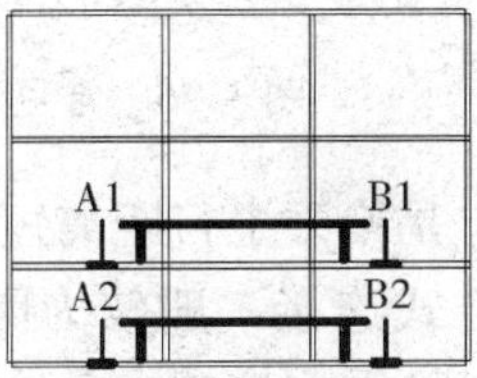


（b）不同层换乘

图3.24　同站台换乘车站布局形式

**实例链接**

香港太子站、旺角站是地铁荃湾线和地铁观塘线之间的两个连续换乘站。在第一期工程建设时，就将两个换乘站按两层结构进行设计和建造，通过两条线路在站间设置立体交叉，从而使所有8个方向的换乘都能在同站台上实现，其换乘布置示意图如图3.25所示。

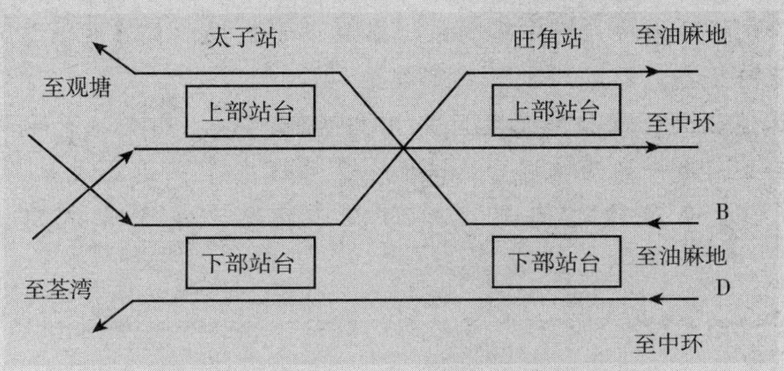


图3.25　香港地铁太子站、旺角站换乘布置示意图

**2. 结点换乘**

结点换乘是指在两线交叉处，将两线重叠部分的结构做成整体的结点，并采用楼梯（或自动扶梯）将两座车站站台连通，乘客通过该楼梯（或自动扶梯）进行换乘，换乘高度一般为5~6 m。结点换乘方式根据两站的站台形式不同，有很多种组合方式，以“十”字形换乘为例，常见“十”字换乘方式示意图如图3.26所示。

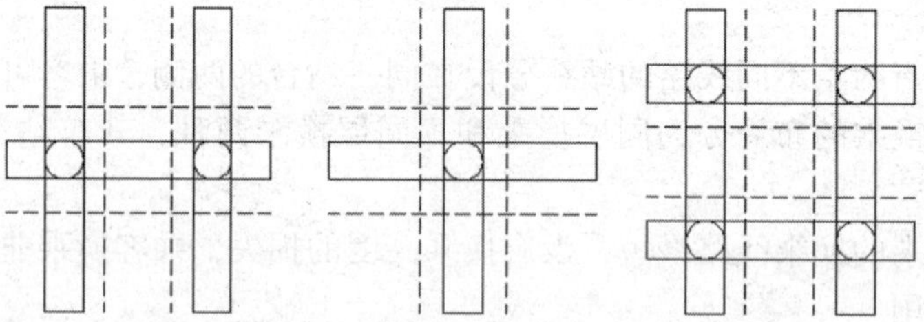

（a）岛式与侧式换乘　（b）岛式与岛式换乘　（c）侧式与侧式换乘

图3.26　常见十字换乘方式示意图

结点换乘方式的优点是换乘走行距离短，缺点是结点换乘站的换乘能力较小。两个岛式站台之间采用这种换乘方式连接一般较为困难，因为楼梯宽度往往受岛式站台总宽度的限制，其通行能力难以满足换乘客流需求。结点换乘方式设计的关键是要注意上下楼的客流组织，避免进出站客流与换乘客流的交叉紊乱。

**实例链接**

成都地铁天府广场人流集中，车流密集，地铁1号线从广场北端横跨人民东路，经天府广场东侧后南跨东御街，车站设于天府广场东广场下。地铁2号线从广场西侧的人民西路进入天府广场后横跨广场东路向东，车站设于广场北偏东位置。地铁1号线、2号线在天府广场内交会，形成“十”字形换乘。

由于换乘客流较大，两条线路之间采用岛两侧站台、岛式站台直接换乘的方式：其中，1号线在上，为一岛两侧混合式车站；2号线在下，为岛式车站；通过合理布置换乘楼梯，可在两条线之间形成单向循环换乘，减少客流交叉，如图3.27所示。

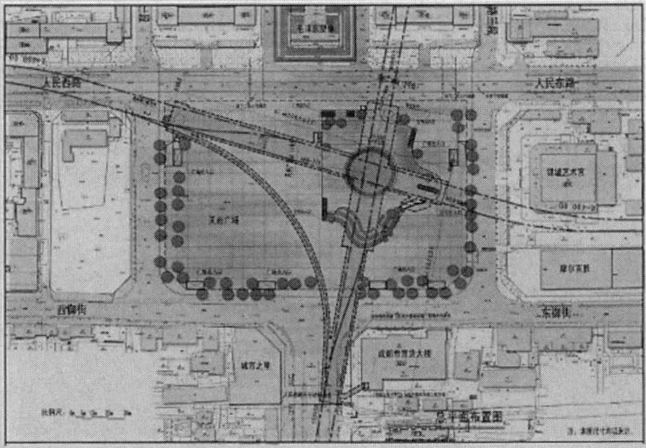


图 3.27　成都地铁天府广场站换乘规划图

**3. 站厅换乘**

站厅换乘是指乘客由一个车站的站台通过楼梯或自动扶梯经由另一个车站的站厅或两站的共同站厅到达另一车站站台的换乘方式。

在站厅换乘方式下，乘客下车后，无论是出站还是换乘，都必须经过站厅，再根据导向标志出站或进入另一站台继续乘车。由于下车客流只朝一个方向流动，减少站台上的人流交织，乘客行进速度快，在站台上滞留时间减少，可避免站台拥挤，同时又可减少楼梯等升降设备的总数量，增加站台有效面积，有利于控制站台宽度规模。

站厅换乘一般用于相交车站的换乘。它的换乘距离比站台换乘要长，在很多情况下，乘客在垂直方向上要往返走行，带来一定的高度损失。

站厅换乘方式的关键在于楼梯宽度往往因受岛式站台总宽度的限制，使其通行能力不能满足换乘客流的需要，使该方式的适用范围受到限制。此方式一般适用侧式站台间换乘，或与其他换乘方式组合应用，可以达到较佳效果。

**4. 通道换乘**

在两线交叉处，车站结构完全分开，当车站站台相距稍远或受地形限制不能直接通过站厅进行换乘时，可以考虑在两个车站之间设置单独的连接通道和楼梯，供乘客换乘，这种换乘方式称为通道换乘。下列两种情况下常采用通道换乘：

① 当两条轨道交通线路在区间相交时，构成 L 形，两线上的轨道交通车站均应靠近交叉点设置，并用专用的人行通道相连接，其示意图如图 3.28（a）所示；

② 当一条线路的区间与另一条线路的车站 T 形交叉时，可采用通道换乘的方式，其示意图如图 3.28（b）所示。

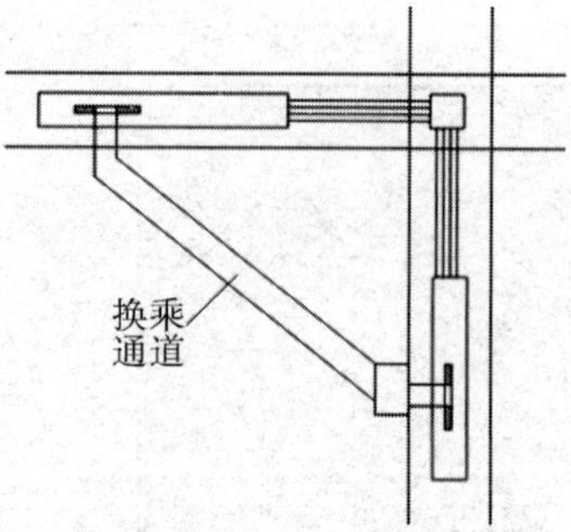


（a）L形交叉

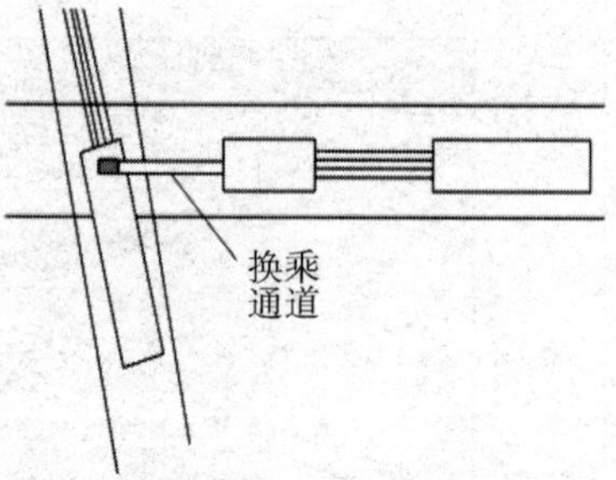


（b）T形交叉

图 3.28　通道换乘示意图

**5. 站外换乘**

站外换乘是乘客在车站付费区以外进行换乘，实际上是没有专用换乘设施的换乘方式，它在下列情况下可能会出现：

① 高架线与地下线之间的换乘，因条件所迫，不能采用付费区内换乘的方式；

② 两线交叉处无车站或两车站相距较远；

③ 规划不周，已建线未做换乘预留，增建换乘设施十分困难。

采用站外换乘方式，往往是没做好轨道交通线网规划而留下的后遗症。由于乘客增加一次进、出站手续，步行距离长，再加上在站外与其他人流混合，因而显得很不方便。对于轨道交通自身而言，站外换乘是一种系统性缺陷，在路网规划中应尽量避免。

**6. 组合换乘**

在换乘方式的实际应用中，若单独采用某种换乘方式不能奏效时，可采用两种或两种以上换乘方式的组合，以达到完善换乘条件、方便乘客使用、降低工程造价的目的。

例如，同站台换乘方式辅之以站厅或通道换乘方式，使所有的换乘方向都能换乘；结点换乘方式辅以通道换乘方式，可以减少预留工程量，等等。换乘组合的目的，是力求车站换乘功能更强，既保证具有足够的换乘能力，又使得工程实施及乘客使用方便。

**实例链接**

北京地铁海淀黄庄站是4号线与10号线的换乘站，地铁4号线在黄庄站下穿地铁10号线，两站站台主体呈“十”字形岛－侧相交方式，换乘设计采用“站厅＋通道”方式，换乘组织采用双向通行方式。由10号线去往4号线的换乘客流在10号线站台层分别进入换乘通道到达4号线站厅层，下楼梯到4号线站台层。由4号线去往10号线的换乘客流在4号线站台层上爬楼梯进入站厅层，经过换乘通道分别进入10号线黄庄站上、下行站台，其示意图如图3.29所示。

图3.29　海淀黄庄站换乘示意图

### 3.3.3　换乘站形式

根据换乘站的平面位置，可将换乘站分为“一”字形、“L”形、“T”形、“十”字形和“工”字形等形式。

**1. “一”字形换乘站**

两个车站上下重叠设置，构成“一”字形组合的换乘车站，一般采用站台直接换乘或站厅换乘，如图3.30所示。

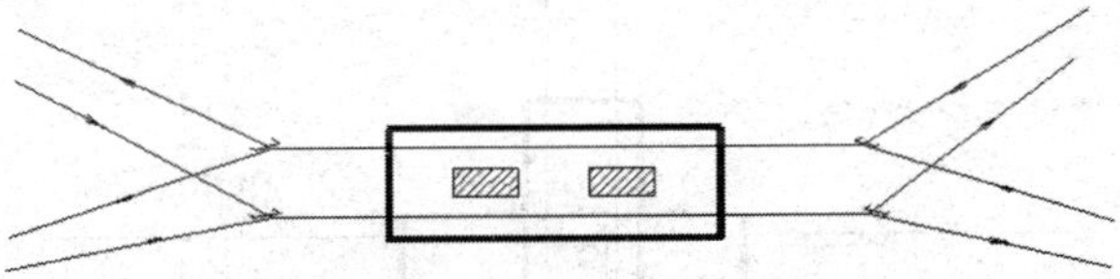

图3.30　“一”字形换乘

**2. “L”形换乘站**

两个车站平面位置在端部相连，构成“L”形，高差要满足线路立交的需要。这种车站一般在相交处设站厅进行换乘，也可根据客流情况，设通道进行换乘，如图3.31所示。

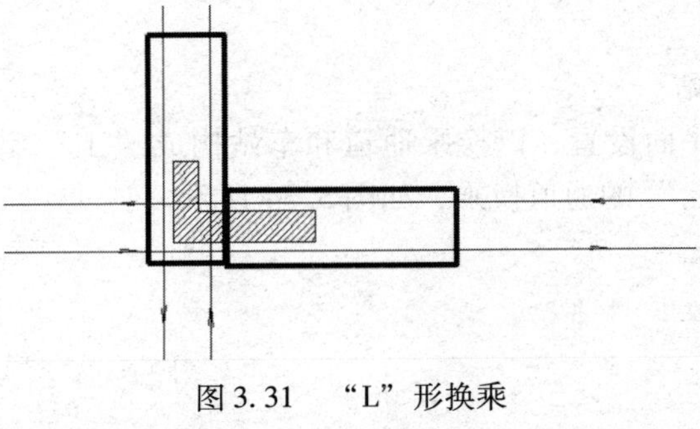

图3.31　“L”形换乘

**3. “T”形换乘站**

两个车站上下相交，其中一个车站的端部与另一个车站的中部相连，在平面上构成“T”形，一般可采用站台或站厅换乘，如图 3. 32 所示。

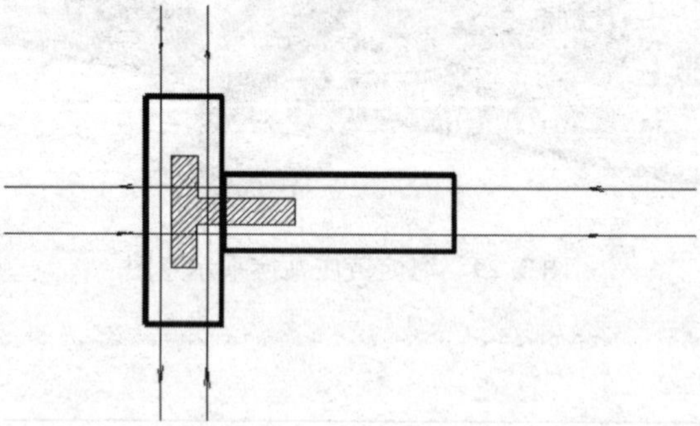

图 3. 32 “T”形换乘

**4. “十”字形换乘站**

两个车站在中部立交，在平面上构成“十”字形，这种车站一般采用站台直接换乘或“站厅 + 通道”换乘，如图 3. 33 所示。

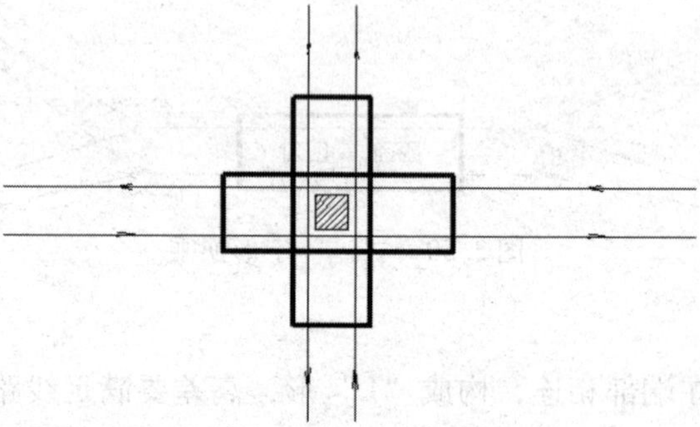

图 3. 33 “十”字形换乘

**5. “工”字形换乘站**

两个车站在同一水平面设置，以换乘通道和车站构成“工”字形，这种车站一般采用站厅换乘或“站台到站台”的通道换乘，如图 3. 34 所示。

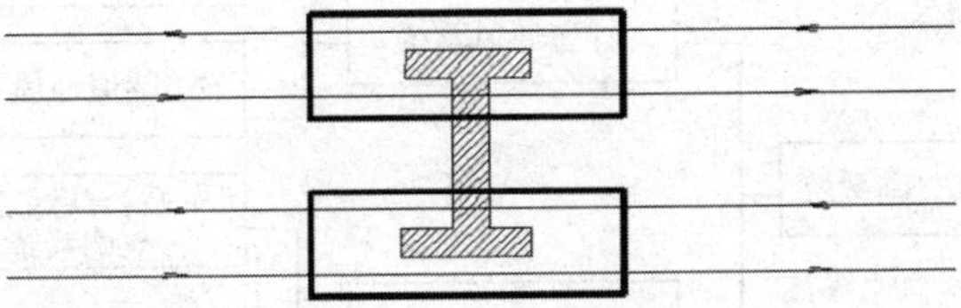

图3.34　“工”字形换乘

## 3.4　车站的机电设备

车站的机电设备包括通风空调系统、给排水系统、屏蔽门系统、电梯系统、自动售检票系统等，设备繁多、复杂，涉及很多专业，因此其管理与维修也较为复杂。

### 3.4.1　通风空调系统

通风空调系统即城市轨道交通的内部空气环境控制系统，简称环控系统。城市轨道交通系统通过通风空调系统对环境进行控制，保证内部环境中的空气质量、温度、湿度、气流组织、气流速度和噪声等均能满足人们的生理条件及心理要求，满足设备正常运转的需要。

**1. 通风空调系统的功能**

通风空调系统的功能如下：

① 正常运行时为乘客提供舒适的乘车环境，为工作人员提供舒适的工作环境，为设备系统提供良好的运行环境；

② 阻塞运行时能保证阻塞列车空调器正常运行，为疏散乘客提供足够新风，并引导乘客安全疏散；

③ 当列车在区间隧道发生火灾事故或车站内发生火灾事故时，应具备防灾排烟通风功能。

**2. 通风空调系统的组成**

通风空调系统分为通风系统和空调系统两部分。按控制区域分，由隧道通风系统和车站通风空调系统两部分组成，如图3.35所示。其中，隧道通风系统又分为区间隧道通风系统和车站隧道通风系统；车站通风空调系统又分为车站公共区通风空调系统（大系统）、车站设备管理用房通风空调系统（小系统）和空调水系统。

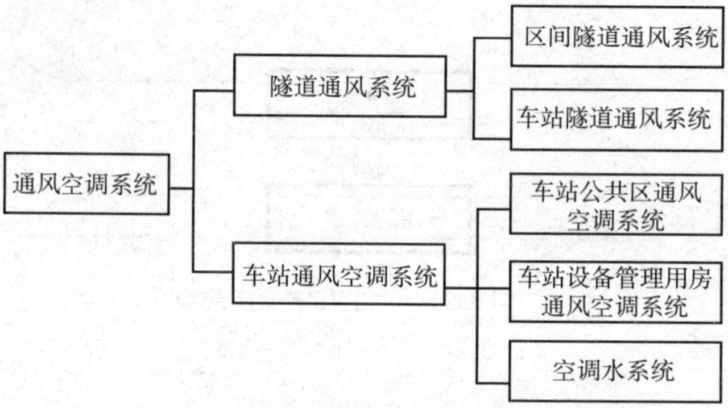


图 3.35　通风空调系统的组成

## 3.4.2　给排水系统

城市轨道交通给排水系统主要由给水系统和排水系统两大部分组成，其中给水系统包括生活给水系统、生产给水系统和消防给水系统；排水系统则包括污水系统、废水系统和雨水系统。对于不能直接排入城市污水系统的地区，应设置污水处理装置。

**1. 给排水系统的功能**

城市轨道交通给排水系统主要包括给水系统、排水系统和消防水系统，各系统的功能如下：

① 给水系统满足车站和车辆段、控制中心、主变电所、集中冷站等附属建筑内工作人员的生活用水、厕所冲洗用水、通风空调系统的循环冷却用水和冷冻补充用水的水量、水压和水质的要求。

② 排水系统用于及时排除车站和车辆段、控制中心、主变电所等附属建筑内工作人员的生活污水、厕所冲洗水；及时排除地下区间的结构渗透水、冲洗水及消防废水；及时排除地下区间隧道出洞口敞开段、地下车站出入口、敞开式风亭、高架车站及区间的雨水。

③ 消防水系统用于满足车站和车辆段、控制中心、主变电所等附属建筑及地下区间的消火栓用水的水量、水质和水压要求；同时满足自动喷水灭火系统用水的水量、水质和水压的要求。

**2. 给排水系统的设计原则**

给排水系统的设计原则如下：

① 城市轨道交通给水设计，必须满足生产、生活和消防用水对水量、水压和水质的要求，并应坚持“综合利用，节约用水”的原则；

② 城市轨道交通给水水源应优先采用城市自来水，当沿线无城市自来水时，应和当地规划等部门协商，采取其他可靠的供水水源；

③ 城市轨道交通排水系统，除生活污水及粪便污水应单独排放外，结构渗漏水、冲洗水及消防废水、雨水等可以合流排放，但生活污水及粪便污水的排放，必须符合当地和国家现行排水标准的规定；

④ 给排水设备的自动化程度，应根据运营管理的需要，结合当地具体条件，通过技术经济比较确定，但排水设备应按自动化管理设计。

**3. 给排水系统的控制方式**

1）生产、生活给水系统控制方式

在车站两根给水引入管上安装电动蝶阀，平时一用一备，定期轮换使用。

2）排水系统控制方式

① 地下车站的污水泵、废水泵、局部排水泵等，除通过控制箱实现现场水位自动控制和就地手动控制外，由 BAS 系统实行监控；

② 在就近车站的控制室可以显示每台水泵的运行状态、故障状态和水位状态等，同时每台水泵有运行计时装置。

3）消防栓系统控制方式

在车站控制室显示消防水泵的故障状态、运行状态和手动状态，FAS 在控制室可直接控制消防水泵的启停。

## 3.4.3 屏蔽门系统

屏蔽门系统（Platform Screen Door，PSD）安装在城市轨道交通车站站台边缘，将轨道与站台候车区隔离，也称为站台屏蔽门。

**1. 屏蔽门系统的功能**

屏蔽门系统具有以下功能：

① 保护乘客的安全。防止乘客跌落或跳下轨道而发生危险，让乘客安全、舒适地乘坐城市轨道交通出行，列车也可在较安全的环境下行驶，减少司机的不安全感。

② 改善站台候车环境。屏蔽门站台使乘客及员工与通过列车之间保持安全距离，降低列车进站或通过站台时所造成的风压，减少噪声，隔音效果较佳，让乘客有较为舒适的候车空间及环境。

③ 增加车站空调及广播利用率。屏蔽门有效阻隔了站台候车侧与道旁侧，故站内的空调无法经站台外流至轨道侧，增加整个站内空调系统的利用率。此外，由于屏蔽门有较好的隔音效果，能有效增进站内广播系统的功能。

④ 减缓火灾影响。站台侧或轨道侧发生火灾时，屏蔽门可隔绝火势及浓烟由轨道侵入站台或由站台延烧至道旁，且可延长其两侧相互影响时间，增加乘客的疏散时间。

**2. 屏蔽门系统的分类**

城市轨道交通屏蔽门系统包括全高屏蔽门和半高屏蔽门两种类型。

1）全高屏蔽门

全高屏蔽门是一道自上而下的玻璃隔离墙和活动门，沿着车站站台边缘和两端头设置，能把站台候车区与列车进站停靠区完全隔离。全高屏蔽门又分为全封闭结构和不密封结构两种，如图 3.36 所示。

（a）不密封结构　　（b）全封闭结构

图 3.36　全高屏蔽门

**实例链接**

北京地铁 4 号线采用全高封闭门系统，其主要功能是增加安全性、节约能耗及降低噪声等。这种屏蔽门系统使空调设备的冷负荷减少 35% 以上，环控机房的建筑面积比 1 号线减少 50%，空调电耗比 1 号线降低了 30%。

2）半高屏蔽门

半高屏蔽门是一道上不封顶的玻璃隔离墙和活动门或不锈钢篱笆门，如图 3.37 所示。这种屏蔽门主要是起隔离的作用，增加站台候车乘客的安全性，同时它也能起到一定的降噪作用。半高屏蔽门的高度要求不低于 1.2 m，通常高度为 1.2～1.4 m。

图 3.37　半高屏蔽门

**3. 屏蔽门系统的设计原则**

屏蔽门系统的设计原则如下：

① 满足所在地区的温度、湿度及地震烈度的工作环境；

② 满足列车行车要求，符合各种运营模式；

③ 方便乘客上下车；

④ 故障或灾害运营时能安全疏散乘客；

⑤ 门体具有足够的机械强度和刚度，能承受乘客对门体的挤压和冲击及列车活塞风等作用；

⑥ 滑动门的开、关频率满足列车最小行车间隔的要求，有每年连续 365 天运行的能力；

⑦ 具有良好的接地和绝缘性能；

⑧ 无故障使用次数≥100 万次，系统使用寿命不低于 30 年；

⑨ 具有可靠性、可维护性、可用性和可扩展性，并遵循模块化和冗余设计的原则；

⑩ 屏蔽门原则上设置在车站有效站台长度范围内，以有效站台中心线为中心向站台两端对称布置。

## 3.4.4　电梯系统

电梯是城市轨道交通车站最为重要的机电设备之一，是乘客方便、快捷、舒适地进出车站的代步工具。电梯设备的配置和运营状态直接影响城市轨道交通在满足乘客出行方面的功能发挥。

**1. 电梯系统的功能**

电梯系统是城市轨道交通系统的重要组成部分，担负着运送大量客流的任务，具有以下功能：

① 将地面上需要乘坐城市轨道交通列车的乘客迅速、安全、舒适地送入地下站台或高架站台；

② 将地下站台或高架站台下车的乘客送到地面，对客流及时疏散起到了至关重要的作用；

③ 在设备更换、维修时，用于运输设备零部件。

**2. 电梯系统的组成**

电梯系统由自动扶梯、液压梯及楼梯升降机组成。

① 自动扶梯。自动扶梯是带有循环运动梯路向上或向下倾斜运输乘客的固定电力驱动设备，如图 3. 38 所示。按驱动装置位置，可分为端部驱动自动扶梯与中间驱动自动扶梯两种。

② 液压梯。液压梯是用于多层建筑结构车站的固定式升降运输设备，它有一个轿厢，沿着垂直或倾斜角度小于 15°的导轨在各楼层间运行，是输送人员或货物的垂直提升设备的交通工具，如图 3. 39 所示。

③ 楼梯升降机：楼梯升降机是一种较新颖的设备，安装在车站站台到站厅、地面到站厅步行楼梯一侧，提供给坐轮椅的乘客上下楼梯使用，目前国内地铁站常用的是轮椅平台式楼梯升降机，如图 3. 40 所示。

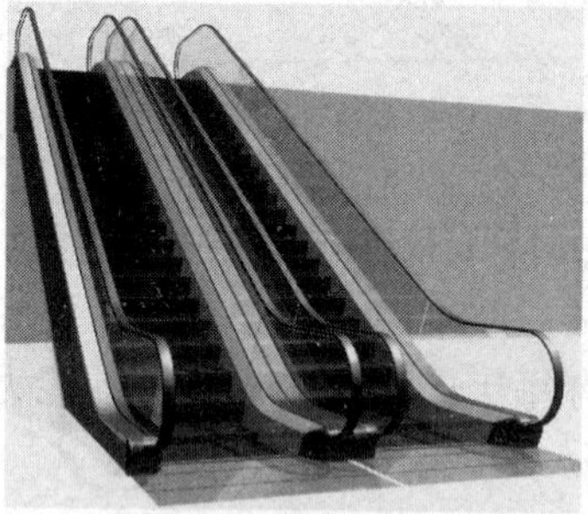

图 3. 38　自动扶梯

图 3. 39　液压梯

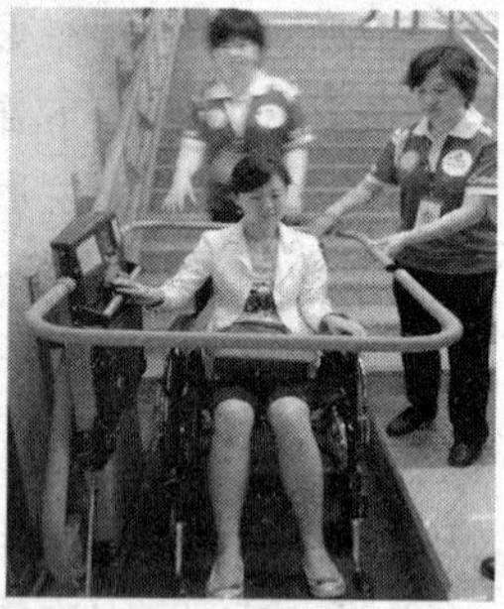

图 3. 40　轮椅平台式楼梯升降机

**提示：**

楼梯升降机应能适应城市轨道交通系统每年工作 365 天，每天工作 20 h 的工作要求。

**2. 电梯系统的设计原则**

城市轨道交通系统配置自动扶梯、液压梯及楼梯升降机的基本原则如下：

① 站台至站厅间根据车站远期客流量设置上行、下行自动扶梯；出入口与过街隧道根据人流量设置上行、下行或上行自动扶梯；

② 保证人流疏散和服务质量；

③ 车站内设置残疾人液压梯、楼梯升降机，以满足残疾人等特殊人群的需要，为他们提供出入城市轨道交通的一条无障碍通道。

## 3. 4. 5　自动售检票系统

自动售检票系统（Automatic Fare Collection，AFC）是基于计算机技术、网络技术、现代通信技术、自动控制技术、大型数据库技术、机电一体化技术、模式识别技术、传感技术、精密机械技术等多项新技术于一体的大型系统。在城市轨道交通系统中，自动售检票系统以其高度的智能化设计，扮演着售票员、检票员、会计、统计、审计等角色，以数据收集和控制系统实现了票务管理的高度自动化。

**1. 自动售检票系统的功能**

自动售检票系统可以精确记录乘客乘车的起点、终点，准确掌握客流时空分布规律，实时统计各线路及各车站的客流量，为城市轨道交通运营组织提供基础数据，应对客流变化，及时调整运力，缓解拥挤。

AFC 系统不但是城市轨道交通运营面向乘客的窗口，也是运营收入的现金流，它性能的好坏直接影响到城市公共交通系统的形象，影响到城市畅通工程的顺利实施。

自动售检票系统总体功能主要包括：售检票作业处理、票务管理、运营管理、设备管理、财务管理、清算对账管理、统计查询管理、网络管理、数据管理、安全管理、用户权限管理及运营模式的监控管理等。

**2. 自动售检票系统的设备**

自动售检票系统的设备包括自动售票机、半自动售票机、自动检票机和便携式检票机。

1）自动售票机

自动售票机（Ticket Vending Machine，TVM）设置于非付费区，具备模拟显示线路的触摸屏和乘客显示屏，供乘客操作并显示票价和投币等信息。自动售票机具有储值卡充值、硬币及纸币购买单程票和找零等功能。自动售票机如图 3.41 所示。

2）半自动售票机

半自动售票机（Booking Office Machine，BOM）设置于售票室内，由票务人员操作。车站工作人员通过半自动售票机对车票进行发售、分析、无效更新、充值、替换、退款、交易查询及收款记录等处理工作。半自动售票机如图 3.42 所示。

图 3.41　自动售票机

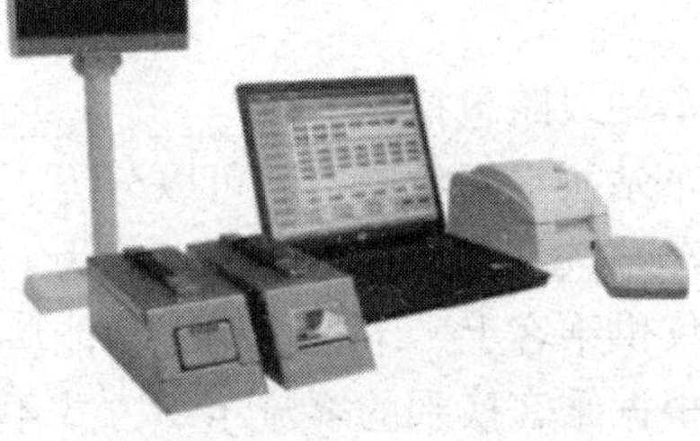

图 3.42　半自动售票机

3）自动检票机

自动检票机（Automatic Gate，AG）包括进站检票机、出站检票机和双向检票机，用于隔离车站付费区与非付费区，控制乘客进入及离开付费区，满足地铁线路换乘的需求。自动检票机如图 3.43 所示。

4）便携式检票机

便携式检票机（PCA）是一种离线式检票设备，由车站站务员或稽查人员在进站检票、出站检票和在不同区域（付费区/非付费区）之间移动提供验票服务，在客流高峰时或自动检票系统出现故障时缓解自动检票机的工作压力。便携式检票机如图 3.44 所示。

图 3.43　自动检票机

图 3.44　便携式检票机

## 复习思考题

### 1. 填空题

（1）城市轨道交通线路按照敷设方式可分为＿＿＿＿、＿＿＿＿和＿＿＿＿。

（2）城市轨道交通线路按照其在运营中的作用不同可以分为＿＿＿＿、＿＿＿＿和＿＿＿＿。

（3）车站线路包括＿＿＿＿、＿＿＿＿和＿＿＿＿。

（4）车站按空间位置不同可以分为＿＿＿＿、＿＿＿＿和＿＿＿＿。

（5）车站按站台形式不同可以分为＿＿＿＿、＿＿＿＿和＿＿＿＿。

（6）仅供乘客上、下车之用，功能单一的车站为＿＿＿＿。

（7）根据乘客换乘的客流组织方式不同，车站换乘方式可分为＿＿＿＿、＿＿＿＿、＿＿＿＿、＿＿＿＿、＿＿＿＿和＿＿＿＿。

（8）屏蔽门系统的功能包括＿＿＿＿、＿＿＿＿、＿＿＿＿。

（9）半高屏蔽门的高度不低于＿＿＿＿米。

## 2. 问答题

(1) 简述城市轨道交通线路的组成。
(2) 简述城市轨道交通车站的设计原则。
(3) 简述城市轨道交通车站的组成。
(4) 简述城市轨道交通换乘站的形式及其适应的场合。
(5) 通风空调系统有什么功能?
(6) 全高屏蔽门与半高屏蔽门在作用上有什么区别?
(7) 自动扶梯、液压梯和楼梯升降机分别适用于什么场合?
(8) 便携式检票机在什么情况下发挥作用?

# 第 4 章

# 城市轨道交通运营组织与管理

## 本章导学

本章中，首先介绍城市轨道交通运营组织与管理的概念、城市轨道交通运营管理的组织结构及关键岗位人员的职责，然后介绍城市轨道交通客运组织，包括车站功能与站台作业、客运组织作业、票务作业等，最后介绍行车组织，包括运输计划与运输能力、列车运行图等行车组织相关的基础内容，以及行车组织与调度、故障条件下的行车组织等。

## 教学目标

1. 了解城市轨道交通运营组织与管理的基本概念与特性；
2. 了解运营管理组织结构及主要管理岗位的工作职责；
3. 掌握车站日常客运组织内容；
4. 了解城市轨道交通的票务系统与自动售检票系统；
5. 掌握城市轨道交通运输计划相关内容；
6. 了解行车组织与调度作业；
7. 了解车站安全故障条件下的行车组织。

## 重点与难点

1. 车站日常客运组织；
2. 城市轨道交通运输计划；
3. 行车组织与调度。

## 建议学时

8 学时。

# 4.1 运营组织与管理概述

城市轨道交通从诞生到现在，尤其是20世纪70年代以来，城市轨道交通系统在世界范围得到进一步的发展，各种形式的城市轨道交通在世界各城市交通系统中发挥着重要的作用，推动了世界城市社会经济的发展，给居民提供了良好的出行条件。图4.1所示为繁忙的轨道交通候车情景。

图4.1 繁忙的轨道交通候车情景

城市轨道交通运营组织与管理的目的就是为市民提供快速、安全、准时、舒适、便利的运输服务，使乘客能够便利地进站购票乘车、安全而舒适地旅行、快速而准确地到达目的地。城市轨道交通在运营组织上，实行集中调度、统一指挥、按图行车，以“安全第一、优质服务”为指导思想，建立精简、高效的管理机构，按照轨道交通的客观规律和运行特点组织列车运行和客运服务，发挥城市轨道交通的优越性，满足城市居民的出行要求。

## 4.1.1 城市轨道交通的运营功能

城市轨道交通运营功能主要包括以下三大系统：

① 列车运行系统，包括隧道、站台、线路、车辆、牵引供电、信号、通信、控制中心、车站行车等。

② 客运服务系统，包括车站及其照明、售检票及计算中心、导向及预告措施、消防、环控、自动扶梯、电梯、车站服务等。

③ 检修保障系统，包括为保障上述设备性能良好，能随时启动并重新投入运行而具备的检修手段及检修能力等。

### 4.1.2　城市轨道交通的运营组织机构

城市轨道交通是一个复杂的、技术密集型的公共交通系统，具有需要各项作业和部门协同工作的特点。城市轨道交通运营生产活动需要实行统一指挥。因此，城市轨道交通运营企业一般都设立了集中的调度指挥机构。

行车调度指挥机构是城市轨道交通日常运营组织工作的指挥中心，是城市轨道交通运营系统信息收发中心和通信联络中心，凡与列车运行有关的各部门都必须在该机构的统一组织和指挥下进行日常运营生产活动。

在国内城市轨道交通运营企业中，控制中心是较常见的行车调度指挥机构。控制中心实行分工管理原则，将整个运输生产活动按业务性质划分为若干部分，设置不同的调度工种，分别管理一定的工作。如在控制中心通常设有环控调度、电力调度和行车调度等调度工种，在车站设置值班站长、值班员、站务员等工种。城市轨道交通系统行车调度指挥机构常见组织架构如图 4.2 所示。

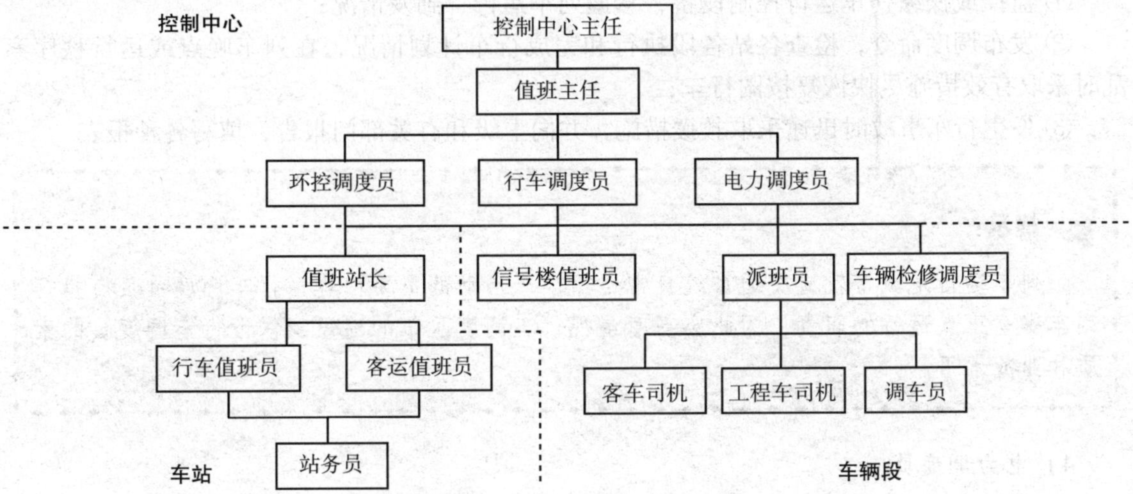


图 4.2　城市轨道交通系统行车调度指挥机构常见组织架构

#### 1. 控制中心主要运营管理人员

1）值班主任

控制中心的值班主任是调度班组工作的组织者和领导者，其主要工作职责是传达、贯彻和执行上级有关文件、命令及指示，负责完成本班组各项运输指标，主持接班会，布置有关事项，检查安全生产情况，掌握列车运行图执行情况，负责施工和救援工作的把关，主持事故分析会议。

**提示：**

有关列车运行图的内容，在4.2.5节介绍。

2）环控调度员

环控调度员主要监控通风、空调、给排水等与环境相关的各种设备，及时调节所管辖区段内的温度、湿度、空气流动速度、含尘量等各种参数，保证环境质量，满足乘客的出行需要。

3）行车调度员

行车调度是运输调度工作的核心，担负着指挥列车运行、贯彻安全生产、实现列车运行图、完成运输计划的重要任务。

行车调度员是列车运行的统一指挥者，负责以下工作：

① 监控或操纵列车运行控制设备，掌握列车运行、到发情况；

② 发布调度命令，检查各站各段执行和完成行车计划情况，在列车晚点或运行秩序紊乱时采取有效措施尽快恢复按图行车；

③ 发生行车事故时迅速采取救援措施，并向上级和有关部门报告，填写各种报表。

**提示：**

列车运行是城市轨道交通系统日常运输生产活动的重要内容，行车调度员负有指挥列车安全正点运行的职责，因此应高度重视行车调度队伍的建设，保证行车调度员的素质和业务水平。

4）电力调度员

电力调度员主要监控变电所、接触网等与供电相关的各种设备，及时采集各种数据，保证各个车站、列车供电的可靠性与安全性。

**2. 车站主要运营管理人员**

车站是城市轨道交通运输工作的基层单位，是供乘客乘降列车的处所。车站的运营管理人员通常包括站长、值班站长、值班员、站务员等，车站的运营管理工作通常采用值班站长负责制。

1）站长

城市轨道交通车站的站长全面负责车站行政管理工作，对车站的安全管理、票务管理、服务管理、培训组织、人员管理及班组建设等工作负责，组织本站人员完成车站行车、票务和客运服务工作及特殊情况下的应急组织。

2）值班站长

城市轨道交通车站的值班站长直接对站长负责，服从行车调度员、客运调度员的生产指挥，对本站的行车、客运、票务、培训及人员管理等具体事务进行管理和落实。值班站长的具体工作如下：

① 值班站长必须掌握车站的近期工作计划、生产计划及当天的生产工作重点，制定工作措施，合理组织和开展工作，对持续性工作做好交接班并跟踪完成情况；

② 当车站发生设备故障或紧急情况时，担任事故处理主任，组织指挥现场人员按照应急处理预案的要求进行处理；

③ 值班站长在日常工作中要负责对本班工作人员的管理，对车站值班员、站务员的工作进行监督检查、指导和考评管理，负责对维修人员、商铺人员、施工人员等外单位人员进行属地管理。

3）值班员

城市轨道交通车站的值班员是车站落实行车组织和客运组织的关键岗位，在值班站长的领导下，根据行车和客运组织要求，按照工作流程开展工作，并对当班站务员的工作进行监督指导。值班员根据所负责业务的不同通常又细分为行车值班员和客运值班员岗位。

（1）行车值班员。

行车值班员主要负责车站的行车工作，包括监控列车运行情况，管理行车备品，监控车站各类设备运行状态，进行施工管理，接收、传达和执行调度命令，将各类信息向相关部门汇报等。

（2）客运值班员。

客运值班员主要负责车站的票务工作和客运服务。

票务工作包括：

① 车站的车票、票款管理；

② 组织站务员完成售检票任务，以及车站票务营收数据的统计、报表填写和保管工作。

客运服务工作主要包括：

① 负责解决并处理乘客票务、服务问题；

② 在发生设备故障或紧急情况时，协助值班站长进行处理。

4）站务员

城市轨道交通车站的站务员直接面向乘客提供服务，包括售检票业务、接发列车、组织乘客乘降、回答乘客问询及对车站设备和设施运营状态进行巡视检查等具体工作。

**3. 车辆段主要运营管理人员**

车辆段是城市轨道交通系统中对车辆进行运营管理、停放、维修及保养的场所。车辆段与运营管理相关的人员主要包括信号楼值班员、车辆检修调度员和派班员等。

1）信号楼值班员

信号楼值班员的主要职责如下：

① 接收并执行行车调度员的接发列车、调车作业计划；

② 负责车辆段内行车指挥、进路排列和列车接发工作；

③ 操控微机设备，实现微机联锁设备的功能。

2）车辆检修调度员

车辆检修调度员的主要职责如下：

① 全面负责车辆的计划维修、故障抢修、事故处理、调试、改造作业安排及组织实施，监视所有车辆技术状态，提供运行图所规定的列车数上线服务，并确保其状态良好、符合有关规定。

② 负责车辆检修内务管理及协调、调配车辆部各中心的生产任务。

3）派班员

派班员的主要职责是：

① 安排司机出勤、退勤；

② 编制、实施司机的排班计划；

③ 遇突发事件时及时调整交路，安排好司机的出勤、派班工作；

④ 负责与车辆检修调度员交接检修及运用列车、与出/退勤司机交接运营列车，向行车调度员通报司机的配备情况；

⑤ 管理司机日常事务，检查落实各项管理制度和作业安全规定。

4）调车员

调车员负责车辆段内机车车辆移动的现场指挥，通常由工程车司机或副司机担任。工程车司机的工作安排及主要职责如下：

① 工程车开行时，由两名司机担任，一名司机负责驾驶列车，另一名司机担任车长。

② 工程车开行时，车长负责指挥列车运行，检查、监视车辆调车作业的安全。工程车推进运行时，车长负责引导瞭望。

5）司机

车辆段根据列车配置数和运行图的要求配置若干司机。司机包括客车司机和工程车司机。

① 客车司机。客车司机负责列车的运行工作，依据列车运行计划的要求，根据行车调度员的指示、命令完成列车驾驶，并使列车在各车站完成乘客乘降作业。

② 工程车司机。工程车司机根据调车员的指挥，负责车辆段工程车的开行工作。

## 4.2　行车管理

城市轨道交通行车管理是城市轨道交通生产组织最核心组成部分，是综合运用各种专业设备协调组织运输活动的技术业务，是安全、正点、优质、高效地完成乘客运输任务的保证。本节重点介绍各种列车运行计划。

列车运行计划是城市轨道交通系统运营组织的基础工作之一，是城市轨道交通系统各部门、各工种、各项作业之间相互协调配合、安全运行、提高效率的重要保证。由于城市轨道交通的用户主要是乘客，所以运输计划的制订需要考虑乘客的需求特性及变化规律，城市轨道交通系统的列车运行计划一般包括全日行车计划、列车运行方案、车辆配备计划及日常运输调整计划、列车运行图等内容。

### 4.2.1　全日行车计划

全日行车计划是城市轨道交通系统营业时间内各小时开行的列车数计划，它决定着城市轨道交通系统的输送能力和列车使用计划，也是列车运行图的编制依据。

**1. 影响全日行车计划编制的要素**

影响全日行车计划编制的要素包括以下 4 个。

1）营业时间

营业时间是指城市轨道交通系统全日营业时间范围。时间的安排主要考虑了两个因素：

① 考虑城市居民出行活动特点，满足城市生活的需要；

② 满足城市轨道交通系统各项设备检修、养护的需要。

**知识拓展**

伦敦地铁每天营业时间为 20 h；纽约地铁每天营业时间为 24 h；巴黎地铁每天营业时间为 20 h；柏林地铁每天营业时间为 21 h；东京地铁每天营业时间为 19.5 h；莫斯科地铁每天营业时间为 19 h；北京地铁每天营业时间为 18 h；上海地铁每天营业时间为 18 h；香港地铁每天营业时间为 19 h。

2）分时最大断面客流量

断面客流量是单位时间内沿同一方向通过轨道交通线路某断面的乘客数量。分时断面客流量则是各小时断面的客流量。分时断面客流量是决定全日行车计划的关键因素，数据的取得应以调查为基础，首先要计算出各站上、下车人数，然后计算出断面客流量，最后得出最大断面客流量。

3）列车运载能力

列车运载能力涉及列车编组、车辆定员等数据，通常用列车定员数来表示，列车定员数是列车编组数和车辆定员数的乘积。

（1）列车编组。

列车编组辆数是以高峰小时最大断面的客流量作为基本依据。在一定客流量情况下，可通过采用缩短行车间隔时间来提高运能，但在行车密度已经很大的情况下，为满足客流需要，往往需要采用增加列车编组辆数的措施。采用哪种方式，与城市轨道交通系统保有的运用车辆数量有关，并受到车站站台长度、车辆段停车线长度和数量等因素限制。

（2）车辆定员。

车辆定员数取决于车辆的尺寸、车厢内座位及其布置方式、车门数量及其设置等因素，通常具有以下特点：

① 在车辆限界范围内，车辆长宽尺寸越大，载客越多；

② 车厢内座位纵向布置较横向布置载客多；

③ 车厢内车门区较座位区载客多。

4）满载率

满载率是指实际载客量与设计载客量之比，它反映着城市轨道交通系统的服务水平，也反映了乘车的舒适程度。

**2. 全日行车计划编制过程**

全日行车计划的编制一般要在分时行车计划编制完毕的基础上汇总后完成。分时行车计划中的每小时列车开行对数与该小时最大客流断面客流量成正比，与列车的设计载客量（列车定员数）和列车满载率成反比。

### 4.2.2 列车运行方案

列车运行方案包括列车交路方案、列车站停方案和列车编组方案。

**1. 列车交路方案**

在轨道交通线路的各个区段客流量不均匀的情况下，采用合理列车交路安排是行车计划的一个重要组成部分。列车交路方案规定了列车的运行区段、折返车站和按不同列车交路运行的列车对数。合理的列车交路能提高列车车辆的运用效率，避免运能浪费，降低运营成本，方便乘客乘坐。

1）列车交路的类型

采用不同列车交路相结合的列车运行方式，能使行车组织做到经济合理。列车交路可以分成长交路、短交路和长短交路三种，如图4.3～图4.5所示。

长交路（见图4.3）主要适用于各区段客流量比较均匀的情况，其行车组织简单，如目前的上海地铁1号线。

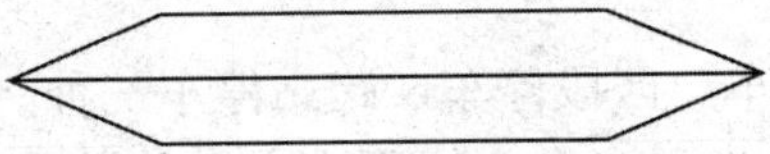

图4.3 长交路

短交路（见图4.4）主要适用于各区段客流量相当不均匀的情况，其运营比较经济。

图4.4 短交路

长短交路（见图4.5）适用于各区段客流量不均匀，或在高峰期间各区段客流量比较均匀，而在低谷期间各区段客流量相差悬殊，它的特点是既能满足运输要求，又能提高运营效益。例如上海市莘闵轨道交通线，它在莘庄—金平路形成短交路，在莘庄—天星路形成长交路，构成长短交路。

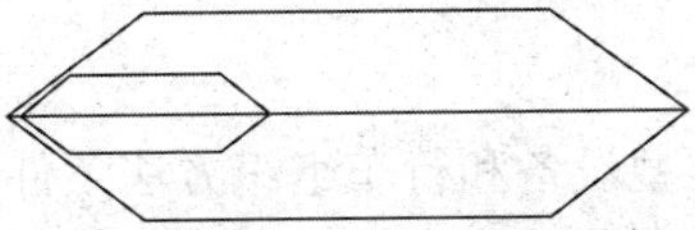

图4.5 长短交路

2）列车交路方案的确定

列车交路方案的确定应建立在对线路各区段客流量进行统计分析的基础上，应充分考虑行车组织与客运组织的条件，进行可行性研究后加以确定。

**2. 列车编组方案**

列车编组方案分为大编组方案、小编组方案、大小编组方案三种。

① 大编组方案。大编组是指在运营时间内列车编组辆数固定且相对较多，如城市轨道交通列车采用6辆或8辆编组的情形。

② 小编组方案。小编组是指在运营时间内列车编组辆数固定且相对较少，如城市轨道交通列车采用3辆或4辆编组的情形。

③ 大小编组方案。大小编组是指在运营时间内列车编组辆数不固定。大小编组有两种情形，一种是在客流非高峰时段编组辆数相对较少，在客流高峰时段编组辆数相对较多，如

在客流非高峰和高峰时段，城市轨道交通列车分别采用3/6辆编组、4/6辆编组或4/8辆编组的情形；另一种是在全日运营时间内采用大小编组，如城市轨道交通列车采用3/6辆或4/6辆编组的情形。

决定列车编组方案的因素主要是高峰小时最大断面客流与分时客流不均衡程度。另外，与车辆的选型（采用A型车还是采用B、C型车）、列车的间隔、对乘客的服务水平、车辆运用的经济性和运营组织复杂性等有关。

**3. 列车停站方案**

列车停站方案包括站站停车、区段停车、跨站停车三种。

① 站站停车。站站停车是指列车在全线所有车站均停车。与其他非站站停车相比，线路上开行列车种类简单，不存在列车越行，乘客无须换乘，也无须关注站台上的列车信息显示。目前，城市轨道交通大多数都采用这种方式。

② 区段停车。区段停车在长短交路情况下采用，长交路列车在短交路区段外每站停车，但在短交路区段内不停车通过；而短交路列车则在短交路区段内每站停车，短交路列车的中间折返站同时又是乘客换乘站。

③ 跨站停车。跨站停车是在长交路情况下采用，将全线的车站分为A、B、C三类，其中C类车站每列车都停车，A、B两类车站分别停车。

采用非站站停车方案通常有利于减少车辆运用与减低运营成本，但采用非站站停车方案也会出现一部分乘客节约了乘车时间，另一部分乘客又增加了候车时间或者换乘时间的情形，是否采用这种停站方式主要取决于站间客流的空间分布。

### 4.2.3 车辆配备计划

车辆配备计划是指在一定类型设备和行车组织方法条件下，为完成一定的运输任务而必须保有的车辆。车辆按运用上的不同，分为运用车、检修车和备用车三类。

**1. 运用车**

运用车是为了完成日常客运任务而配备的技术状态良好的车辆，运用车数与高峰小时开行列车数、列车周转时间、列车编组辆数有关。列车周转时间是指列车在线路上往返一次所消耗的全部时间，它包括了列车在区间的运行时间，在各中间站的停车时间，以及在两端折返站的折返停留时间。

**2. 检修车**

检修车是指处于定期检修状态的车辆。车辆经过一段时间的运用后，各部件会产生变形或损坏，为保证车辆技术状态良好、确保列车运行安全和延长车辆使用寿命，需要定期对车辆进行各种修程的检修。

**3. 备用车**

为了适应客流变化，确保完成临时紧急的运输任务，以及预防运用车发生故障，必须保有若干技术状态良好的备用车。备用车的数量一般控制在运用车数的 10% 左右。备用车原则上停放在停车场内或线路两端终点站。

### 4.2.4　日常运输计划调整

由于途中运缓、作业延误或设备故障等原因会造成列车晚点，城市轨道交通具有行车密度高、间隔小、对安全要求高的特点，需要根据列车运行的实际情况，按照“恢复正点和行车安全兼顾”的原则，对日常运输计划进行调整。

日常运输计划调整的主要方法有：

① 始发站提前或推迟发出列车；

② 根据车辆技术状态、线路允许速度，组织列车提高速度，恢复正点；

③ 组织车站快速作业，压缩停站时间；

④ 组织列车放站运行；

⑤ 变更列车运行交路，具备条件时在中间站折返；

⑥ 停运部分车次的列车。

车站应确定客流警戒线，密切关注客流变化情况，特别是早晚高峰时段的客流变化情况，当客流达到或超过警戒线时，应及时采取措施保证乘降秩序和运营安全。

**知识拓展**

在客流达到车站最大通过能力 70% 时，应采取分流限售措施（见图 4.6）；在客流达到车站最大通过能力 90% 时，应采取暂时停止售票措施；在客流骤增超出车站最大通过能力时，应采取临时封闭车站进口措施。

图 4.6　地铁站分流限售措施

### 4.2.5　列车运行图

列车运行图是运输计划在实际行车工作中的具体体现，既是城市轨道交通行车组织工作的综合性计划，也是行车组织工作的基础，它规定了各次列车占用区间的顺序和时间、列车在各个车站的到发及通过时刻、区间运行时分、停站时分、折返站列车折返作业时分、列车出入车辆段时分、设备保养维修时间和驾驶员作息时间等，如图 4.7 所示。

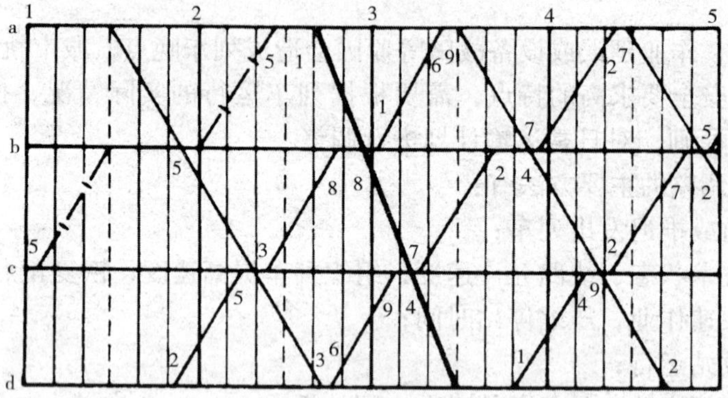

图 4.7 列车运行图

从图 4.7 可以看出，列车运行图上用横坐标表示时间，纵坐标表示距离，水平线代表各车站中心线位置，斜线称为列车的运行线，其中上斜线代表上行列车，下斜线代表下行列车。上、下行的规定一般由各公司根据线路位置及城市地理位置的具体情况而定。

## 4.3 行车调度组织

城市轨道交通行车调度组织工作主要由控制中心实施，实行“高度集中，统一指挥，逐级负责”的行车调度原则，使各个环节紧密配合，协调工作，保证列车安全、正点运行。行车调度工作是城市轨道交通运营管理工作的核心，它的好坏直接关系到客运任务的完成情况。

### 4.3.1 行车调度工作的基本任务

行车调度工作的基本任务如下：

① 组织指挥各部门、各工种严格按照列车运行图工作；

② 监控列车到达、出发及途中运行情况，确保列车运行秩序正常；

③ 当列车运行秩序不正常时，及时采取措施，尽快恢复正常运行秩序；

④ 及时、准确地处理行车异常情况，防止行车事故的发生；

⑤ 随时掌握客流情况，及时调整列车运行方案；

⑥ 检查监督各行车部门执行运行图情况，发布调度命令；

⑦ 当发生行车事故时，应按规定程序及时向上级主管部门汇报，并采取措施防止事故

扩大，积极参与组织救援工作。

### 4.3.2　行车组织方法

城市轨道交通是有轨交通，列车在区间行驶时，运行速度高，制动距离长，不能避让，为确保列车运行安全，必须保证列车之间有足够的安全间隔。保持列车间隔距离的方法有两大类：一类是空间间隔法，另一类是时间间隔法。城市轨道交通线路在正常情况下一般采用空间间隔法行车，只有在特殊情况下，在一定安全保证措施条件下，才准许采用时间间隔法行车。

**1. 闭塞**

组织列车运行时，通过设备或人工控制，使列车在闭塞分区或站间区间保持一定距离的办法，称为行车闭塞法。闭塞就是指把一段线路封闭起来，同一时间内只允许一列列车占用，这一段线路称为一个闭塞分区。列车进入闭塞分区后，闭塞分区两端都不再向这一区间发车，不准其他列车进入，以防止列车相撞或追尾。运行列车间必须保持的空间间隔由以下3个距离共同决定：

① 后车制动距离；

② 适当的安全距离；

③ 确认信号、触发制动过程中列车的运行距离。

**2. 自动闭塞**

自动闭塞是由信号系统自动实现的闭塞，不需要人工介入办理闭塞手续。根据列车控制系统采取的不同控制模式，会产生不同的闭塞制式。从闭塞制式的角度来看，闭塞可分为固定闭塞、准移动闭塞和移动闭塞三类。图4.8是列车自动闭塞的图片。

图4.8　列车自动闭塞

1）固定闭塞

固定闭塞中，列车间的空间间隔是若干个闭塞分区，闭塞分区数依划分的速度级别而定。为充分保障安全，必须在两列列车间增加一个防护区段，这使得列车间的安全间隔较大，影响了线路的使用效率。

2）准移动闭塞

准移动闭塞方式的列车控制系统采取目标距离控制模式，根据目标距离、目标速度及列车本身的性能确定列车制动曲线。准移动闭塞的追踪目标点是前行列车所占用闭塞分区的始端，再加上一定的安全距离。其追踪运行间隔要比固定闭塞小一些。

3）移动闭塞

移动闭塞的线路取消了物理层次上的分区划分，而是将线路分成若干个通过数据库预先定义的线路单元，每个单元长度从几米到十几米，移动闭塞分区由一定数量的单元组成，单元的数目可随着列车的速度和位置而变化，分区的长度也是动态变化的。

**知识链接**

移动闭塞技术通过车载设备和轨旁设备连续地双向通信，可以根据列车实时的速度和位置动态计算列车的最大制动距离。由于保证了列车前、后的安全距离，两个相邻的移动闭塞分区就能以很小的间隔同时行进，使列车能以较高的速度和较小的间隔运行，从而提高运营效率。

### 4.3.3 行车调度控制方式

城市轨道交通系统的基本行车调度控制方式主要有行车指挥自动化和调度集中两种，车站控制是在特殊情况时采用的辅助方式。采用何种行车调度控制方式与采用的行车调度指挥设备类型有关。

1）行车指挥自动化

城市轨道交通基本都采用了列车自动控制系统（ATC），行车调度方式为行车指挥自动化方式。在行车调度员监控下，由双机冗余计算机组等设备构成的列车自动监控子系统（ATS）完成列车运行指挥任务。ATC 系统中通常还配有列车自动防护（ATP）子系统和列车自动运行（ATO）子系统，三个子系统分工协作，使 ATC 系统具有列车运行自动化和行车指挥自动化功能。在 ATS 子系统因故不能使用时，改用调度集中控制。

2）调度集中

行车调度员通过调度集中控制设备控制所管辖线路上的信号和道岔，办理列车进路，组织和指挥列车运行，这时列车运行以司机操纵为主。在调度集中因故不能实现时，改为车站控制。行车值班员在行车调度员的指挥下，办理列车进路，接发列车。

**提示：**

我国的城市轨道交通系统基本都配置有 ATC 系统，所以在行车设备正常的情况下，行车调度方式为行车指挥自动化，在 ATS 系统故障时，才采用调度集中方式，在调度集中因故不能实现时，改为车站控制，由车站行车值班员配合行车调度员，人工指挥行车。

### 4.3.4　信号故障条件下行车组织

一般情况下，信号设备出现故障时的行车组织工作，分为 ATC 出现故障而联锁正常时的车站行车组织和联锁故障时的车站行车组织两大类。图 4.9 是信号故障条件下人工指挥行车的场景。

图 4.9　信号故障条件下人工指挥行车场景

**1. ATC 出现故障而联锁正常时的行车组织**

目前，各个城市的轨道交通均采用列车自动控制系统控制列车运行，且一般在 ATC 之外还后备一套较简易的信号系统，具备基本联锁功能，ATC 出现故障时可全线降级到后备联锁模式组织行车，即车站、联锁站排列行车进路，列车采用人工驾驶，按地面信号显示行车。

在后备联锁模式下，人员介入的程度增加，列车运行没有 ATP 保护，安全风险大大增加，这种情况下合理安排好人员组织行车、控制好安全关键点、确保行车安全是城市轨道交通车站值班站长的首要任务。

**2. 联锁故障时的行车组织**

信号设备基本联锁功能故障时，通常采用电话闭塞法或电话联系法等人工方法组织行车，该类人工行车方法效率很低，安全性较差。作为车站的值班站长，须统观大局，合理安排岗位，对行车关键环节做好盯防，在确保安全的基础上尽量提高行车效率。

# 4.4 客运组织管理

城市轨道交通客运组织是指通过合理布置客运有关设备、设施，对客流采取有效分流或引导措施，来组织客流运输的过程。客运组织工作应以“乘客安全、舒畅”乘车为前提，既要高质量完成客运任务，又要经济合理地使用客运设备。

## 4.4.1 车站客流管理

不管是高架车站、地面车站还是地下车站，进站乘客最基本的流线都一样：购票—过检票机—通过楼梯到达站台（侧式站台地面站一侧的乘客可直接进入站台）—乘车（见图4.10）。出站客流则相反（见图4.11）。进、出站流程是两个完全对称的逆向过程。因此，城市轨道交通的客流组织应把握好购票、进闸、乘车三个环节的顺利开展。

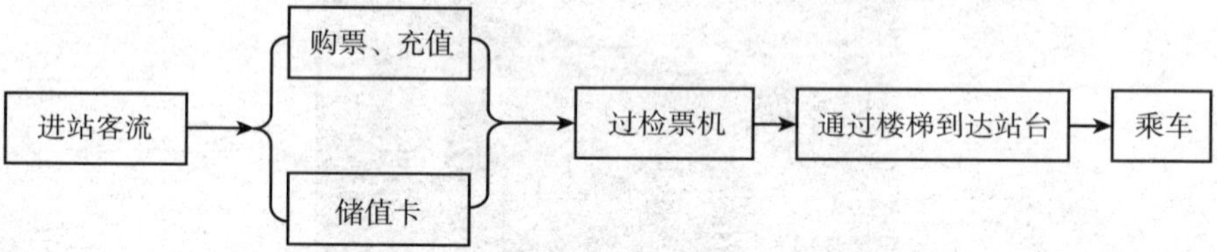


图4.10 乘客进站流程

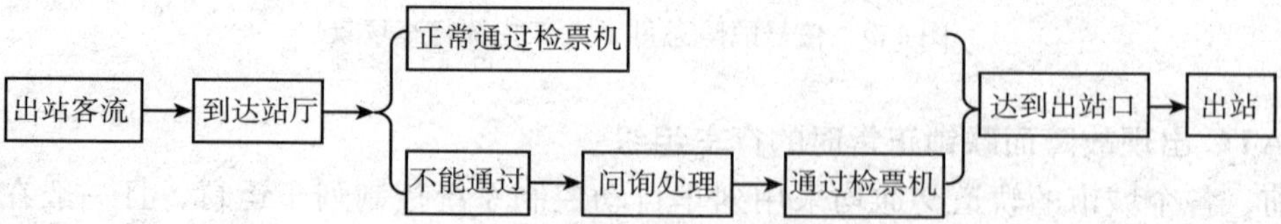


图4.11 乘客出站流程

在客流管理方面，应尽量避免客流的交叉、对流，因为客流的交叉、对流会减缓乘客出行的速度，同时也不利于车站的管理。

### 4.4.2　车站客运组织

城市轨道交通车站作为运输乘客的载体，客运组织是最基本的业务，也是最重要的业务之一。城市轨道交通主要通过合理的客运组织来完成其大容量的客运服务，客运组织是通过合理布置客运有关设备、设施，以及对客流采取有效的分流或引导措施来组织客流运送的过程。

**1. 客运组织的原则**

城市轨道交通客运工作的特点，决定客运组织应以保证客流运送的安全、保证客流运送过程的畅顺、尽量减少乘客出行的时间、避免挤拥、便于大客流发生时的及时疏散为目的。为此，在进行客运组织时应特别考虑以下两方面的原则：

① 合理安排售检票设备、出入口、楼梯位置，行人流动线应简单、明确，尽量减少客流交叉、对流，保证乘客在换乘其他交通工具时连接顺利。

② 完善诱导系统，应满足快速分流、减少客流聚集和拥挤现象；应满足换乘客流的方便性、安全性、舒适性等一些基本要求，如适宜的换乘步行距离、恶劣天气下的保护、为残障人士专门设计的无障碍通道、良好的照明、开阔的视野及突发事件应急预案等。

**2. 日常客运组织**

城市轨道交通车站要根据本车站的客流特点及设备和设施的设置情况，制定日常的客流组织方案，确保客流顺畅，尽量使进、出站客流不交叉（见图4.12），使车站设备和设施得到充分利用。进行客运组织时要坚持的基本原则一般为“安全、及时、有序”；现场遵循“能疏导，不控制”的原则。

**3. 换乘站的客运组织**

换乘站客运组织以“安全、可控、统一”为原则，应急情况下现场遵循“谁故障，谁为主”的原则，即故障车站的值班站长担任整个换乘站的指挥者。

换乘站客流控制遵循“由下至上，由内至外”和“先控制进站，再控制换乘”的原则，具体表现为：

① 确保站台安全性，确保换乘顺畅；

② 实现设施、导向、广播、告示、人员服务标准一体化；

③ 当站台客流量达到容量临界点时，车站实施一级客流控制；

④ 由于运输能力不匹配或出现故障，导致一条线站台客流（见图4.13）激增时，可在故障线路的站厅实施一级控制；

⑤ 如一级客流控制仍无法缓解客流压力时，则实施二级、三级客流控制，同时通知控制中心下达命令，要求列车或其他车站播放引导乘客通过其他方式或其他车站进行换乘的引导广播。

图4.12 进、出站客流

图4.13 站台客流

**4. 突发大客流的客运组织**

在节假日或社会重大活动中，城市轨道交通车站通常会发生一些突发性大客流。为此，车站需要提前做好客流组织的预案，制定大客流的组织方案。发生此类突发事件等时，车站应及时向控制中心（Operation Control Center，OCC）汇报，由OCC统一指挥。启动大客流应急预案后，由车站根据现场情况进行客流控制，限制客流进站。

发生突发大客流时，一般采取三级客流控制措施：第一级为控制站台客流，控制点在站厅与站台的楼梯（或电动扶梯）口；第二级为控制付费区客流，控制点在入闸机处（见图4.14）；第三级为控制非付费区客流，控制点在车站出入口处（见图4.15）。

图4.14 闸机客流

图4.15 车站入口客流

在日常客流组织过程中，很多车站的付费区面积较小，客流缓冲能力不足，且付费区主要功能为疏导乘客到站台候车，乘客滞留时间较短，如果在控制客流过程中将付费区、站台作为独立部分考虑，容易延误客流控制时机、引发安全隐患。因此常将三级客流控制简化为二级客流控制：

① 第一级为控制站台客流，控制点在入闸机处；

② 第二级为控制非付费区客流，控制点在车站出入口处。

当发生突发事件时，需在第一时间按生产程序汇报。具体可根据情况报控制中心、直接上级以及 110、119 和 120 等。

由于突发大客流对车站的正常运营会造成很大的影响，所以需要对突发大客流的车站进行支援。根据按车站所受突发客流影响的大小，应急支援的先后次序为：事发车站、换乘站、需清客车站、大客流车站。

## 实例链接

### 香港地铁客运组织设计原则

香港地铁公司对车站的选址、规模在轨道交通建设时一经确定，一般不能再改变。出入口及通道宽度、大堂及站台的规模在建设时根据预测客流量确定。

在运营管理中，如何正确设置售检票位置、合理布置付费区、进行合理的导向，对客流组织起着很重要的作用。工作中以“符合运营时最大客流量，保持客流的畅通”为原则，因此香港地铁公司按以下要求进行布置：

① 售检票位置一般不设置在出入口、通道内，并尽量保持与出入口、楼梯有一定的距离，从而保证出入口和楼梯的畅通；保持售检票位置前通道宽敞；售检票位置一般选择大堂内宽敞位置设置，以便于售检票位置前客流的疏导，售票和检票位置应适当保持一定距离，避免排队时拥挤。

② 售检票位置根据出入口数量相对集中布置。因香港地铁车站一般有多个出入口，为了减少乘客进入车站后的走行距离，一般设置多处售检票位置，但过多设置售检票位置容易造成设备使用的不平衡，降低设备使用效率，并且不易于管理，因此售检票位置应根据车站客流的大小相对集中布置。

③ 应尽量避免客流的对流。客流的对流减缓了乘客出行的速度，同时也不利于车站的管理。因此车站一般对进出客流进行分流，进出车站检票位置分开设置，保持乘客经过出入口和售检票处位置的线路不会发生对流。

图 4. 16 是香港地铁彩虹站的情况。

图 4. 16　香港地铁彩虹站

### 4. 4. 3　车站服务

一般来说，城市轨道交通车站的服务按内容不同可以分为票务服务、导乘服务、行车服务、问询服务、特殊服务、应急服务等几大类别。

**1. 票务服务**

凡是涉及车票、票务政策等票务内容的服务一般都可以叫作票务服务，具体内容在 4. 5 节介绍。

**2. 导乘服务**

导乘服务主要是指通过轨道交通车站的各种导向标志、导乘广播、各种信息的发布等为乘客提供的导向服务。

① 列车运营计划变更或列车运行不正常，对乘客正常乘车造成影响时，应及时通知乘客，必要时应采取有效措施疏导乘客；

② 因系统或设备故障造成列车晚点时，要在列车上、车站内及出入口通过广播及告示告知乘客晚点的原因、进展及相关车票处理办法等信息，以便于乘客掌握列车运营及故障等情况，并据此做出继续等待或退票出站的决定。

## 知识拓展

常见轨道交通导向标志：在车站出入口外周边500 m范围内的道路上设置导向牌，以引导乘客到车站乘车。在车站的出入口应设置出入口标志，注明车站名称及出入口名称，以便于乘客辨认。在车站出入口、售票处等醒目处应公示本车站首、末班车时间，公示列车间隔时间、各车站运行时间等信息，以便乘客合理安排出行。在车站出入口通道、站厅等醒目位置应设立乘客公告栏，以公布乘车常识和注意事项，如线路图、票价表、主要的票务政策、车票的购买及使用说明、城市轨道交通内禁止的行为等。图4.17给出的是北京地铁的几个导乘服务标志。

图4.17　北京地铁的导乘服务标志

### 3. 行车服务

城市轨道交通的运营时间应根据当地居民的出行规律及其变化来确定和调整，调整前应及时公示。当由于事故或其他原因引起临时行车计划改变时，应根据客流变化合理调整，调整后应通过公告牌、广播等及时向乘客公布。

### 4. 问询服务

为了方便乘客对城市轨道交通的了解，加强乘客与轨道交通运营企业之间的沟通，城市轨道交通运营单位应在互联网上开通官方网站，公布相关的行车信息、票务政策，开设乘客信箱；应设有乘客服务中心，开通咨询、投诉热线，安排专人接听电话，解答乘客问题，解决乘客投诉事件，在车站票务处、站厅等安排人员提供现场问询服务。

### 5. 特殊服务

城市轨道交通属于公共交通系统，有其公益性的一面，应当承担社会公益责任。因此，在对老、幼、病、残、孕等特殊群体服务时，应该完善相关的服务，制定相关的政策及特定的服务措施，提高服务质量。如图4.18所示是地铁南京站的“博爱岛”服务台。

图 4.18 地铁南京站的“博爱岛”服务台

**6. 应急服务**

城市轨道交通还应提供协助寻人、寻物等附加服务，例如：

（1）发现走失的儿童，应带领其至安全场所，并通过广播等方法联系其监护人或报警；

（2）接到失散人员的求助，应通过本站广播帮助寻找；

（3）如找到乘客丢失的物品时，应暂时代为保管，并尽快寻找失主，一般情况下，如无人认领，则须交公安机关处理；

（4）城市轨道交通车站应设有简易药箱及担架等救护物品，当遇到乘客身体不适时，应进行简单救治或拨打 120 等救助电话。

# 4.5 票务管理

## 4.5.1 城市轨道交通票务系统

城市轨道交通票务系统是城市轨道交通票务收入和结算的基础，随着系统功能外延的不断扩展，票务系统也承担起对营运状况进行监控管理的职责。

现代城市轨道交通票务系统的业务管理主要借助于自动售检票系统来实现，其主要内容有票卡管理、规则管理、信息管理、账务管理、模式管理、运营监督等。

① 票卡管理。票卡是乘客使用的车票，用于记载乘客的出行和费用信息，是乘车的有效凭证。票卡管理是对票卡的发行、使用、更新等全过程进行的有效管理。

② 规则管理。为保证票务系统能够在多部门和多环节高效运行，就必须制定一整套科学、严密的规则、流程，包括票价策略、结算规则、权限管理和操作流程等。

③ 信息管理。信息化是自动售检票系统的一个基本特征，为进行有效的管理和决策提供可靠的信息支持，需要对系统收集的基础数据进行深度挖掘、加工，开展统计分析并发布信息。

④ 账务管理。账务管理是对系统内的票务收入进行汇缴、清算、入账等过程的管理，包括账户设置、票款汇缴、登账稽核、收益清算、资金划拨和对凭证进行有效管理等。

⑤ 模式管理。模式管理是针对不同的运营状况条件所做出的相应操作行为的选择和实施，包括正常运营模式、降级运营模式及相配套的运营管理。

⑥ 运营监督。运营监督是通过系统设备及其所具有的完整、严密、及时的信息流对运营状况进行实时跟踪监督，以提高运营质量和服务水平，它包括信息传输状况监督、客流状况监督、车票调配监督、收款监督及收益监督等。

## 4.5.2　城市轨道交通售检票系统

### 1. 城市轨道交通售检票系统概述

自世界上第一条铁路首次正式办理客运服务、进行乘客售检票以来，售检票系统就成为收费运营的城市轨道交通的重要子系统之一，经历了从人工售检票、半自动售检票到自动售检票等方式，应用日趋完善。图 4.19 为城市轨道交通车站的售票厅及售票机。

目前，世界上城市轨道交通售检票系统采用的技术种类较多，有印制纸票（见图 4.20）人工售检票系统、印制纸票半自动售检票系统、一次性磁票自动/半自动售检票系统、重复使用磁票自动/半自动售检票系统、接触式智能卡自动/半自动售检票系统、非接触式智能卡自动/半自动售检票系统等。

图 4.19　城市轨道交通车站的售票厅及售票机

图 4.20　印制地铁纸票

### 2. 城市轨道交通自动售检票系统

城市轨道交通自动售检票系统是票务系统的实现手段之一，自动售检票系统能有效地提高票务系统的管理水平和效益。建立路网自动售检票系统，可大量减少票务管理人员，提高城市轨道交通系统的运营效率和效益。同时，通过该系统对客流量、票务收入等综合业务信息进行汇总、分析，可以强化城市轨道交通的客流分析预测能力，合理地调配车辆，提高票务系统工作效率，进而提高网络化运营水平。如图4.21和图4.22是城市轨道交通自动售检票系统中最常用的两种设备。

图4.21　自动售票机

图4.22　自动检票机

1）自动售检票系统的结构

城市轨道交通自动售检票系统是通过综合运用计算机、统计、财务等专业知识，实现城市轨道交通的售票、检票、计费、收费、统计、清分结算和运行管理等全过程的自动化系统，同时也为决策提供客流、收入等各类信息支持。

图4.23所示为城市轨道交通自动售检票系统的结构，这是一个典型的计算机网络信息系统，由各级服务器、监控计算机、自动售票机和自动检票机等设备组成。

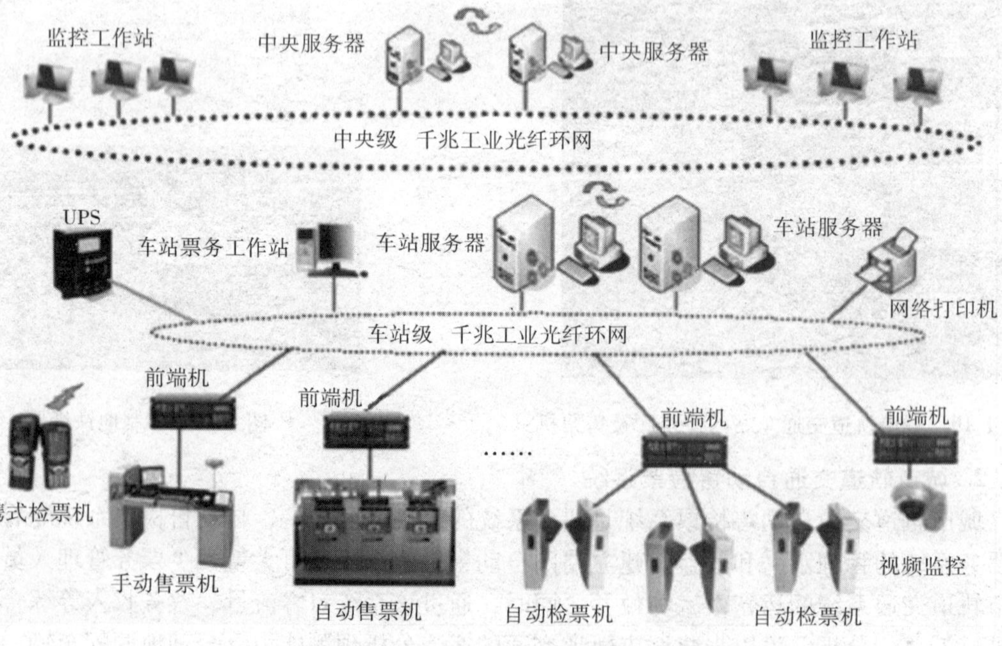


图4.23　城市轨道交通的自动售检票系统结构图

自动售检票系统需要根据城市轨道交通规划、客流量需求及票务管理需求，进行系统方案的设计，选择合适的技术平台，实现乘客的自助售检票和信息处理的自动化。

2）自动售检票系统的作用

自动售检票系统在票务管理中发挥着重要作用，主要表现在客流、票制、统计与结算、车票处理等方面。

（1）客流。

自动售检票系统可根据交易信息，为决策或规划提供客流信息。自动售检票系统可通过其良好的票务管理水平和高效的客流信息处理能力，成功实现低成本、高效率的系统运作。提高信息利用率、增强系统的决策分析能力是自动售检票系统的发展方向之一。

（2）票制。

自动售检票系统根据票务政策的计费原则和计费方式进行售票、检票和统计。对单一票制、计程票制、混合票制，应结合不同的票制原则及相应的优惠措施制定执行方案。

① 单一票制是根据乘车次数（即完成一个完整的进、出站检票过程计为一次）进行计费，与实际乘坐的距离长短无关；

② 计程票制是经进、出站检票，严格按照实际乘坐距离长短（里程或乘坐车站数）并根据票价计费标准计算乘车费用；

③ 混合票制也称为分区域（区间）计程制，即将运营线路总长度分为若干个区域（区间），根据票价计费标准，在各区域（区间）内采用同一票价。实际运营距离跨越一个或多个区域（区间）时，根据占用的区域（区间）数进行计费。

## 案例拓展

不同城市的城市轨道交通票制是不相同的，同一城市在不同时期的票制也可能是不同的。比如，2014年12月26日之前，北京地铁实行单一票制，每张票2元，地铁单程票是卡的形式（见图4.24），入站时刷卡，出站时将卡插入读卡器后收回；也可以使用储值票（见图4.25），进出站各刷一次卡。而南京地铁票价实行计程票制，票价按里程长短分为2、3、4元三等，2元可乘坐1～8个站，3元可乘坐9～12个站，13站以上4元封顶。

图 4. 24　单程票

图 4. 25　储值票

（3）统计与结算。

票务统计与结算的基础是交易数据，线路每天的客流量是该线路各站的单程票、储值票及许可票的进站数及换乘至该线人数之和，各线日车票收入以单线各站的单程票发售收入与储值票的出站扣值及当天补票收入之和，减去退票款后，按乘客在各换乘线路乘坐的情况核算。

自动售检票系统可对客流量、票务收入及单程票的使用进行统计和分析，并编制相应的报表。自动售检票系统对不同线路或不同的收益主体进行票务收入的清分，对路网系统与其他兼容系统进行清分，并可通过银行结算系统进行及时结算。

（4）车票处理。

车票处理包括对单程票、储值票和许可票的处理。

① 一般情况下，单程票是当日当站使用，通常要制定退票规则，包括是否允许退票、退票时间要求、手续费的收取等；

② 储值票有记名和不记名之分，二者的区别是不记名票通常不挂失、不办理退票，储值票不能正常使用时，由车站受理，交专门部门负责查询、分析并作相应的处理；

③ 许可票不能正常使用时，由专门部门受理，进行查询、分析并作相应的处理。

3）自动售检票系统的运营模式

自动售检票系统运营模式包括正常运营模式和降级运营模式两种形式。

（1）正常运营模式。

通常情况下，自动售检票系统在正常运营模式下自动运行。正常运营模式主要包括正常服务状态、关闭状态、暂停服务状态、设备故障状态、测试（或维修）状态及离线运行状态等。

（2）降级运营模式。

降级运营模式包括故障模式、进出站免检模式、时间免检模式、日期免检模式、超程免检模式、紧急放行模式等。除上述六种降级运营模式外，还可能出现模式组合，在各组合模式下，车票按照模式的并集方式处理，即各个模式情况均单独作用。各种降级运营模式及其模式组合可以在不同的特殊条件下合理采用。

## 复习思考题

### 1. 填空题

（1）城市轨道交通运营功能主要包括____________、____________和____________三大系统。

（2）列车运行计划主要包括________、________、________、________、________。

（3）________是指计划期间城市轨道交通系统线路客流的规划。

（4）________是指城市轨道交通系统全日分阶段开行的列车对数计划。

（5）列车运行图上用横坐标表示__________，纵坐标表示____________，水平线代表各车站________，斜线称为____________。

（6）____________是调度班组工作的组织者和领导者。

（7）城市轨道交通系统的基本行车调度控制方式主要有________和__________两种。

### 2. 问答题

（1）列车运行计划主要有哪几种？

（2）日常运输计划调整的方法主要有哪几种？

（3）简述车站信号故障下行车组织方法。

（4）简述城市轨道交通运营管理体系的组织结构及各主要岗位的工作职责。

（5）城市轨道交通的运营时间受哪两方面因素制约？

（6）简述列车编组辆数的影响因素。

（7）简述影响列车交路计划的主要影响因素及各种交路的适用场合。

（8）为什么说列车运行图是行车组织的综合性计划？

（9）什么是闭塞？常用自动闭塞方法有几种？各有什么优缺点？

# 第 5 章

# 城市轨道交通车辆

## 本章导学

本章首先介绍城市轨道交通车辆的特点及分类，然后介绍车辆的各个组成部分，最后介绍与车辆基地、车辆检修相关的内容。

## 教学目标

1. 了解城市轨道交通车辆的特点和分类；
2. 掌握城市轨道交通车辆的基本组成；
3. 了解车辆基地的作用和车辆检修的内容。

## 重点与难点

1. 城市轨道交通车辆的基本组成；
2. 车辆检修的内容。

## 建议学时

8 学时。

# 5.1 城市轨道交通车辆概述

城市轨道交通车辆是一个机电一体化设备，主要由机械部分和电气部分组成。机械部分主要包括车体、转向架、车钩缓冲装置、制动装置、空调通风系统等；电气部分主要包括电气牵引系统、受流设备等；此外还包括车辆内部设备、列车控制和故障诊断系统、乘客信息系统等辅助部分。

## 5.1.1 车辆的特点

车辆是城市轨道交通系统中完成乘客运输任务的直接工具，它具有以下特点：

① 载客能力强，大型地铁车辆的车辆定员数可达350人/辆；

② 动力性能好，速度快，加速能力强，制动效果好；

③ 安全可靠性强，设备先进，故障率低，稳定性高，可靠性强，突发情况下适应性强；

④ 环境条件好，车内有照明、空调装置，坐椅舒适；

⑤ 牵引灵活，可根据不同的线路特征，采用不同的牵引方式；

⑥ 节能环保，车辆牵引动力常用电力牵引，节能，无污染。

## 5.1.2 车辆的分类

### 1. 按车辆牵引动力配置分类

按车辆牵引动力配置分，地铁车辆（见图5.1）可分为动车和拖车。

图5.1 地铁车辆

（1）动车（Motor，用“M”表示）车辆自身具有动力装置（动轴上装有牵引电机），具有牵引与载客双重功能。动车又可分为带有受电弓的动车（Mp）和不带受电弓的动车（M）。

（2）拖车（Trailer，用“T”表示）车辆不装备动力装置，需要动车牵引拖带，仅有载客功能。拖车可设置司机室（首位车辆，用“Tc”表示），也可带受电弓（用“Tp”表示）。

**2. 按车体宽度与驱动方式分类**

按车体宽度与驱动方式分，可分为A、B、C、D、L及单轨六种车型：

① A、B、C为不同车体宽度的钢轮钢轨系列车型，A型车宽度3 m，B型车宽度2.8 m，C型车宽度2.6 m；

② D型车为低地板车；

③ 单轨型车为胶轮系列车；

④ L型车为直线电机系列。

**提示：**

A、B、C、D单轨型车为黏着牵引系统，L型车为非黏着牵引系统。

## 知识拓展

为了便于车辆的管理和维护，车辆提供商及运营公司对其车辆又进行了分类。比如上海地铁一、二号线的车辆分为三类，即：A、B、C类车（与上述按车体宽度分类A（3 m）、B（2.8 m）、C（2.6 m）型车不同）。A为带驾驶室的拖车（见图5.2），B为装有受电弓的动车（见图5.3），C为无司机室和受电弓的动车（见图5.4）。广州地铁一、二、三、四号线均采用此种分类方法。

图5.2　A类车

图5.3　B类车

图5.4　C类车

**3. 其他分类方式**

① 按车体制作材料分，可以将地铁车辆分为耐候钢车、不锈钢车和铝合金车；

② 按电压等级分，可以将地铁车辆分为直流750 V和直流1 500 V两种；

③ 按受电方式分，可以将地铁车辆分为受电弓受电和受电靴受电两种，如图5.5～图5.8所示；

④ 按牵引控制系统分，地铁车辆可以分为直流变阻车、直流斩波调压车、交流变压变频车和直线电机变压变频车。

图 5.5　受电弓地铁列车

图 5.6　受电弓

图 5.7　受电靴地铁列车

图 5.8　北京地铁 1 号线上部受电靴

图 5.9 ~ 图 5.12 是国内常见的地铁车辆。

图 5.9　北京地铁老车型 DK11 型地铁客车

图 5.10　北京地铁老车型 DK16 型地铁客车

图 5.11　北京地铁一号线列车

图 5.12　广州地铁四号线列车

## 5.1.3　车辆选型的基本原则

车辆选型的基本原则如下：

① 车辆选型应以工程的主要技术条件（线路条件、供电电压等）为依据，其技术指标应满足客运量及行车组织（行车密度）的要求；

② 车辆选型和技术条件，应能适应当地的环境和气候，以地面和高架为主的线路应考虑车辆的降噪措施；

③ 车辆的主要部件和设备，应采用先进、成熟、安全、经济、可靠且检修方便的产品；

④ 车辆的选型应考虑与城市景观的协调，在外形与色彩方面应力求与城市环境谐调；

⑤ 车辆的引进和生产要严格坚持车辆国产化的原则和有关政策。

## 5.1.4　列车的编组与标识

城市轨道交通列车是由车辆编组而成的，通常采用电动车组，由动车和拖车按照一定的比例编组而成。为了车辆运用和检修等情况下管理和识别的方便，必须对车辆进行标识，而所谓的标识是指对车辆及其设备进行标记或编号。

**1. 列车编组**

车辆在运营时一般采用动拖结合、固定编组，形成电动列车组（动车组）。动车和拖车通过车钩连接成一个相对固定的编组，称为一个（动力）单元，一列车可以由一个或几个单元编组而成。具体编组形式可采用全动车形式或动拖车有机结合的固定编组形式。无论采用何种编组形式，每列车的首车和尾车必须带有司机室。

1）列车编组三要素

列车编组主要考虑车辆形式（按大、中、小分为 A、B、C 三种形式）、编组辆数（2 ~

10 辆)、编组车辆动车与拖车比例三个要素，简称车型、辆数、动拖比。城市轨道交通的规模取决于高峰时刻小时客运量，而小时客运量取决于编组列车的载客量及行车间隔。目前，城市轨道交通系统大多采用加大行车间隔来调节运量，较少采用由大变小分解列车编组的方法。

2）列车编组形式

随着车辆技术的不断发展，牵引电机单位体积的功率越来越大，车体宽度及车长也在加大。相对来说，列车编组的最大辆数也相对减少。采用全动车编组，理论上的好处是摘编方便、编组灵活（北京地铁一期），但现在城轨列车大多采用动拖结合的混编方式。我国地铁列车编组形式为：

① 六辆编组，主要有“三动三拖”（见图 5. 13）和“四动二拖”；

② 四辆编组，主要形式为“二动二拖”。

图 5. 13　三动三拖列车编组方式

**2. 车辆编号**

一般每节城轨车辆都有属于自己的固定的编号，但各车辆制造商或运营商的编号方式不一样。下面以上海地铁和广州地铁为例介绍其车辆编号方式。

1）上海地铁

上海地铁一、二号线车辆编号由五位数组成，采用 YYCCT 形式，其中 YY 为车辆出厂的年份，CC 为出厂时这一年的同类型车辆的生产顺序号，T 为车辆类型代号，其中“1”为 A 型车，“2”为 B 型车，“3”为 C 型车。例如“92082”为 1992 年出厂的第 8 辆车，其车辆类型为 B。目前上海地铁列车的编组是固定的，编号后的车辆在列车中的编组位置相应没有变化。

2）广州地铁

广州地铁一、二、三号线车辆采用了同样的编号形式，其车辆编号包含以下信息：车辆所属线路（一个字母或数字的位置）、车辆类型（A、B 或 C）、生产顺序号（同类型车辆的连续编号（2 位数字），不同的车辆类型以新的顺序开始编号，如图 5. 14 所示。

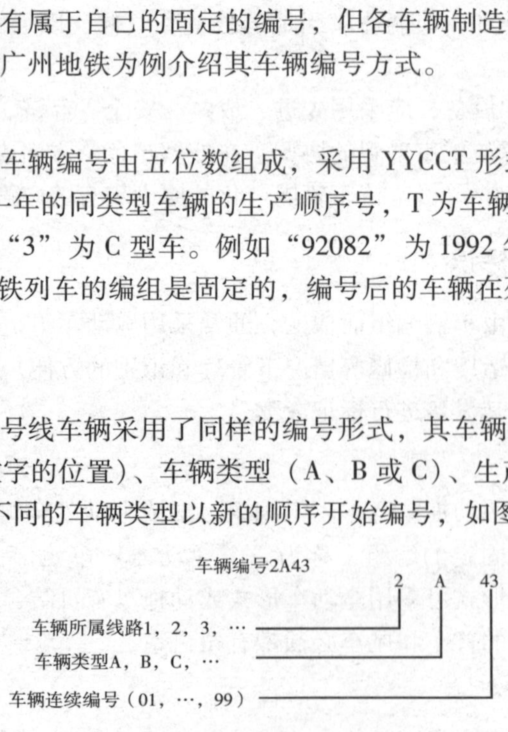


图 5. 14　广州地铁车辆编号示例

**3. 列车的其他标识定义**

1）车辆的车端、车侧的定义

（1）车端。每辆车的1位端按如下定义：

① A车1位端是带有全自动车钩的一端；

② B车1位端是与A车连接的一端；

③ C车1位端是连接半永久牵引杆的一端；

④ 与1位端对应的另一端就是2位端。

**注意：**

A为带驾驶室的拖车，B为装有受电弓的动车，C为无司机室和受电弓的动车。

（2）车侧。当观察者面对车辆的1位端时，观察者右侧的一侧称为该车辆的右侧，另一侧就定义为该车辆的左侧。

2）列车车侧的定义

列车车侧的定义与车辆车侧的定义是不同的。它是以司机为主体，司机坐于列车驾驶端座位上，司机的右侧为列车的右侧，司机的左侧为列车的左侧。换句话说，列车车侧是按列车的行驶方向来定义的，如图5.15所示。

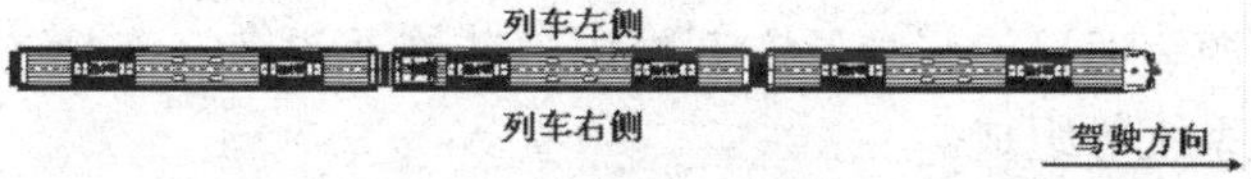


图5.15 列车车侧标识

3）转向架和轴的编号

每辆车的转向架都分为转向架1和转向架2。转向架1在车辆的1位端，转向架2在车辆的2位端。

每辆车的四根轴从1位端至2位端，依次连续编号为轴1至轴4。

**提示：**

关于转向架的介绍，见5.2.2节。

4）门页和车门的编号

门页的编号自1位端到2位端，沿着每辆车的左侧由小到大连续奇数编号，即1，3，

5，7，9，11，…，17，19；右侧由小到大连续偶数编号，即 2，4，6，8，10，12，…，18，20。

车门编号由车门两个门页号码合并而成：自 1 位端到 2 位端，左侧车门编号依次为 1/3，5/7,9/11，…，17/19，而右侧车门的编号依次为 2/4，6/8，10/12，…，18/20。

5）座椅编号

每辆车有 8 个座椅，纵向排列在车辆内部的两侧。自 1 位端到 2 位端，这些座椅的编号是从 1 到 8，左侧是奇数，右侧是偶数。

6）空调单元编号

每辆车的车顶安装有两个空调单元。位于 1 位端的空调单元称作空调单元 I，位于 2 位端的空调单元称作空调单元 II。

7）其他编号与标记

车窗、扶手、立柱、吊环、照明灯、指示灯、扬声器等设备也采用同样的编号方法。车辆的质量、顶车位置、应急设备位置等也必须用相关符号或文字在规定位置做出明确的标记。

## 5.2 城市轨道交通车辆的基本组成

城市轨道交通车辆尽管形式不同，但均由车体、转向架、制动系统、风源系统、电气传动控制系统、辅助电源、通风、采暖及空调、内部装饰及设备、车辆连接装置、受流装置、照明、列车综合管理系统等组成。

### 5.2.1 车体

车体是城市轨道交通车辆最重要的组成部件之一，坐落在转向架上。它除了载客之外，几乎所有的车辆机械、电气、电子等设备都安装在车体的上部、内部及下部，驾驶室也设置在车体中。车体一般由底架、侧墙、车顶、前端、后端等组成。

车体最初由普通碳素钢制造。为了减少腐蚀，提高使用寿命，耐候钢制造的车体得到广泛应用。为实现车体的轻量化，现代城市轨道交通车辆多由不锈钢、铝合金制造。车体的个别部位（如前端等）也可采用有机合成材料制造。车体要有隔音、减振、隔热、防火及在事故状态下尽可能保证乘客安全的逃生门等设施。图 5.16 是天津地铁一号线列车，由耐候钢制成。

图 5.16　天津地铁一号线列车（耐候钢）

**想一想**：车体常用材料有什么特点？

## 5.2.2　转向架

转向架是城市轨道交通车辆最重要的组成部件之一，是支撑车体并担负车辆沿轨道走行的支撑走行装置，如图 5.17、图 5.18 所示。转向架一般由构架、轮对、悬挂系统、减振装置、基础制动装置、传动装置等组成，图 5.17 标出了从当前视图能看到的几个部件。动车的牵引电机、变速机构等装在转向架上。

图 5.17　转向架

图 5.18　安装在车底的转向架

**提示：**

转向架的结构及各部分参数是否合理，直接影响车辆的运行品质、动力性能和行车安全。

### 5.2.3 制动系统

城市轨道交通车辆必须安装制动系统。制动系统的作用就是根据需要使车辆按规定减速、停车。制动系统由制动控制系统和制动执行系统组成。

制动执行系统分为摩擦制动、电气制动和磁轨制动等形式，各种制动形式的介绍如下：

① 摩擦制动又称机械制动，分为闸瓦制动和盘型制动。闸瓦制动又称为踏面制动，它是通过闸瓦压紧车轮的踏面产生阻力实现制动，如图 5.19 所示。盘型制动就是在车轴上安装制动盘，闸片夹紧制动盘产生阻力实现制动，如图 5.20 所示。

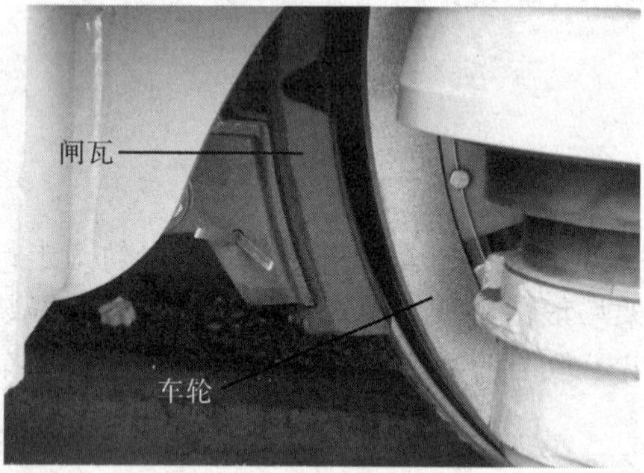


图 5.19 闸瓦制动（踏面制动）

图 5.20 盘型制动

② 电气制动分为能耗制动和再生制动。能耗制动也称电阻制动，它是将列车的动能经牵引电机及控制转换为电能消耗在电阻上。再生制动就是将列车的动能经牵引电机及控制转换为电能反馈到供电线路上。电气制动须与机械制动相配合。

③ 磁轨制动分电磁型磁轨制动和永磁型磁轨制动两种，二者的差别在于转向架上磁铁的不同，前者为电磁铁，后者为永久性磁铁。磁轨制动基本原理是在转向架部位放置磁铁，通过磁铁与轨道之间的吸引力来产生较大的摩擦力，从而使列车减速，磁轨制动属于非黏着制动，不受轮轨黏着系数影响，常用于紧急制动。

### 5.2.4 风源系统

城市轨道交通车辆的转向架上的空气弹簧、机械制动、门的开闭等都需要压缩空气，所以必须有风源系统。风源系统一般由电动空气压缩机，除油、除湿装置，散热装置，压力控制装置，管路等组成，图 5.21 ~ 图 5.24 是风源系统中几个关键组件的外观图。

图 5.21　气路控制箱

图 5.22　供风装置

图 5.23　风管

图 5.24　风缸

## 5.2.5　电气传动控制系统

### 1. 电气传动控制系统的组成

电气传动控制系统由电气控制系统及电气执行系统组成。电气控制系统由控制信号发生、传输的电子器件及控制电器组成。电气执行系统由牵引电机组成。

### 2. 电气传动控制系统的分类

电气传动控制系统分为直流控制系统和交流控制系统两种。所谓直流控制系统就是采用直流牵引电机的控制系统；所谓交流控制系统就是采用交流牵引电机的控制系统。

1） 直流控制系统

直流控制系统分为凸轮调阻控制、斩波调阻控制及斩波调压控制 3 种。

① 凸轮调阻控制就是在牵引和电阻制动时，由凸轮控制电气节点的开闭，通过制动电阻的变换和串并联转换来调节直流牵引电动机的电压及电流；

② 斩波调阻控制就是用斩波器调节电阻值来控制直流牵引电机的电压、电流的控制方式；

③ 斩波调压控制就是用斩波器直接调节牵引电机的电压及电流的控制方式。

**提示：**

凸轮调阻控制技术已经趋于淘汰。

2）交流控制系统

交流控制系统分为异步电机控制和直线电机控制两种。

① 异步电机控制就是用调压调频装置 VVVF 牵引逆变器（见图 5.25）控制异步电动机的电压及频率，实现牵引和电气制动；

② 直线电机控制不采用旋转的异步电动机，而是采用直线电机（见图 5.26）控制牵引和电气制动。

图 5.25 VVVF 牵引逆变器

图 5.26 AC 牵引电机

### 5.2.6 辅助电源

城市轨道交通车辆上的直流、交流（如照明、通风、空调、控制等）用电均由辅助电源供给。辅助电源早期为电动发电机组，现多采用逆变电源。

① 电动发电机组的作用是将供电线路的直流电源变成三相交流电源，供交流用电使用，经整流装置供直流电源使用；

② 逆变电源就是将供电线路的直流电源经过逆变器（见图 5.27）控制变成三相交流电源，供交流电源使用，经整流装置供直流电源使用。

图 5.27 逆变器

城市轨道交通车辆装有蓄电池，用作供控制电源和辅助电源停止工作后的应急电源。

### 5.2.7　通风、采暖及空调

城市轨道交通车辆大多运行于封闭、半封闭空间，乘客拥挤，空气污浊，必须设有通风装置。通风装置一般采用机械通风。

运行在较冷地区的车辆，设有电热器，一般由供电线路直接供电。

为改善乘客的舒适度，现代城市轨道交通车辆一般设有空调装置，图5.28所示是装在车顶的空调。

图5.28　装在车顶的空调

### 5.2.8　内部装饰及设备

内部装饰及设备是城市轨道交通车辆必不可少的，其要求是美观、舒适、实用、隔音、减振、坚固、防火。内部装饰包括客室内部的墙板、顶板、地板及司机室布置等，设备包括车窗、车门及机构、座椅、扶手、吊环及乘客信息装置等。图5.29是某轨道交通车辆车门附近的内装饰及设备。

图5.29　某轨道交通车辆车门附近的内装饰及设备

### 5.2.9 车辆连接装置

城市轨道交通车辆多辆编组，车辆之间设有连接装置。连接装置由车钩、缓冲装置、电气连接及风挡、渡板等部分组成。

**1. 车钩**

车钩是连接车辆使其编组成列车，并传递纵向力的一套装置，如图5.30所示。通常，在车钩的后部装设缓冲装置，在车钩传递纵向力时缓和车辆之间的纵向冲击。通过车钩还可将车辆之间的电路和气路进行连接（见图5.31）。

图5.30 车钩

图5.31 电路与气路连接

**2. 风挡及渡板**

贯通道是车辆与车辆之间的客室连接通道，为便于相邻车辆间乘客的流动，调节客室的疏密，现代车辆之间采用全贯通式，故设有风挡及渡板，如图5.32和图5.33所示。

图5.32 风挡

图5.33 渡板

### 5.2.10　受流装置

受流装置就是接受供电的装置。一般城市轨道交通车辆采用直流供电，可分为 750 V 和 1 500 V 两种。

① 直流 750 V 供电采用第三轨供电，在车辆的转向架上装有受流器，如图 5.34 所示。接触方式分为上部受流和下部受流。上部受流就是受流器的滑块与第三供电轨上部接触滑行；下部受流就是受流器滑块与第三供电轨的下部接触滑行。

② 直流 1 500 V 供电一般采用架空线接触网式供电。在车辆顶部装有受电弓（如图 5.35 所示），从架空线接触网获得电能。但有的城市轨道交通系统采用直流 1 500 V 供电，但使用第三轨受流方式，比如广州地铁 4 号线。

图 5.34　受流器

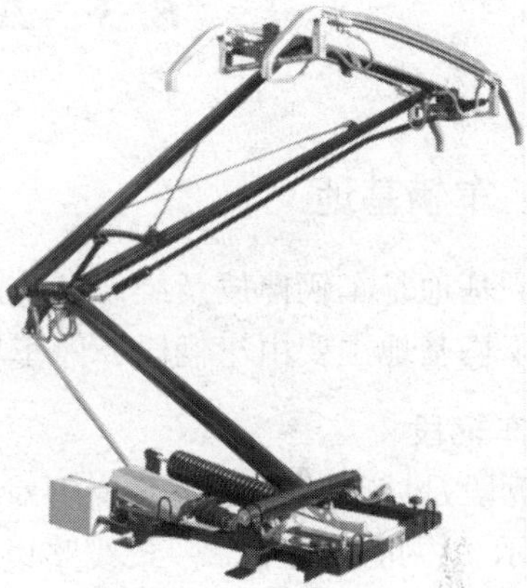

图 5.35　受电弓

### 5.2.11　照明

城市轨道交通车辆的照明由前照灯、司机室照明及客室照明组成。前照灯要能照射足够的距离，以保证行车安全。

图 5.36 是客室照明效果。

图 5.36　客室照明效果

### 5.2.12 列车综合管理系统

现代城市轨道交通车辆设有列车综合管理系统，其功能如下：

① 自动控制。通过列车综合管理系统将城市轨道交通列车指挥信息传输至车辆上的接收装置，不但实现行车信号的显示功能，而且能起到限速、加速、保持行车间隔的作用，可实现无人驾驶。

② 监控。列车综合管理系统将列车及车辆的运行状态、主要机电设备的工作状态进行显示及存储，主要用途是保证行车安全及协助进行故障分析。

## 5.3 车辆基地及车辆检修

### 5.3.1 车辆基地

车辆基地是车辆停放及维修基地的简称，是城市轨道交通车辆停放、保养、修理的专门场所。车辆基地主要由车辆段、停车场（库）、列检库等组成。

**1. 车辆段**

车辆段是城市轨道交通系统中对车辆进行运用管理、停放及维修、保养的场所，如图5.37所示。一般情况下，一条线路设一个车辆段，当线路长度超过20 km时，可以考虑设一个车辆段和一个停车场。车辆段的任务主要是承担车辆的运用及各种定期检修作业。

图5.37 车辆段

**2. 停车场（库）**

停车场（库）是车辆集中停放的场所，又是车辆编组、清扫、整备、维修和日常管理的场所，如图 5.38 所示。停车场（库）不仅要有足够的停车位，同时还要设置管理人员、乘务员工作和休息的场所。

图 5.38　停车场（库）

**3. 列检库**

列检库的任务是利用列车停放时间和停放场地对车辆的重要部件进行例行技术检查，对危及行车安全的一般故障进行重点修理，如图 5.39 所示。

图 5.39　列检库

## 5.3.2 车辆检修

### 1. 车辆检修制式

车辆经过一段时间运用后，各构件会产生磨耗、变形或损坏，为了保证车辆良好地运行、延长使用寿命，除了车辆乘务员加强日常检查和保养、维护外，还需要定期进行各种修程的检修。如图 5.40 所示为送往检修的列车。

图 5.40 送往检修的列车

目前世界各国车辆的检修制式有两种，一种是厂修、段修分修制，另一种是厂修、段修合修制。

① 厂修、段修分修制。修建专门的车辆大修厂（不限于 1 个），承担全线路网各线车辆的大修任务。车辆的架修、定修及其以下的修理工作，由各线的车辆段承担。

② 厂修、段修合修制：不设专门的车辆大修厂，车辆的大修在车辆段内进行。

**提示：**

世界大多数城市采用合修制。

### 2. 车辆修程

1）国外车辆修程

国外车辆的修程主要是根据预防性维修的原则，根据走行公里与运行时间安排对车辆的各部件进行修理。例如，日本城市轨道交通车辆的修程主要有：重要部检查和全面检查、日检查、月检查。图 5.41 是等待检修的城市轨道交通检修车辆。

图 5.41　等待检修的城市轨道交通车辆

2）国内车辆修程

国内主要城市轨道交通车辆的修程，大致分为列检（日检）、月检（双月检）、定修、架修和厂修（又称大修）。

（1）列检。

列检是对容易出现危及行车安全的各主要部件（如轮对、空气弹簧、转向架、受流器、控制装置、空气制动装置、车钩及缓冲装置、蓄电池、车门风动开关装置、车体、车灯等）进行外观检查，对危及行车安全的故障及时进行重点修理。图 5.42 是列检中工人在维修车顶空调。

图 5.42　列检中工人在维修车顶空调

（2）月检。

月检是对车辆外观和一般功能进行检查，即对车辆主要部件的技术状态进行外观检查和必要试验，对危及行车安全的故障进行全面修理。图 5.43 是月检中的列车。

（3）定修。

定修主要是预防性的修理，需要进行架车，对各大部件的技术状态和作用做较仔细检查，对检查发现的故障进行针对性修理，对车上的仪器和仪表进行校验，车辆组装后要经过静调和试车。图 5.44 是定修中的列车。

图 5.43　月检中的列车

图 5.44　定修中的列车

（4）架修。

架修的主要目标的是检测和修理大型部件（如走行部、牵引电机、传动装置等），同时，经架车对车辆各部件进行解体和全面检查、修理、试验，对计量的仪器、仪表进行校验，车体要重新油漆、标记，组装后须进行静调和试车。图 5.45 是架修中的列车。

（5）厂修。

厂修指的是全面恢复性修理，要求对车辆全面解体、检查、整行、修理和试验，完全恢复其功能。组装后要重新油漆、标记、静调和试车。总之，厂修后的车辆基本上要达到新车出厂水平。图 5.46 为厂修中车辆的解体。

图 5.45 架修中的列车

图 5.46 厂修中车辆的解体

## 复习思考题

### 1. 填空题

(1) 城市轨道交通车辆按牵引动力配置分为________和__________。

(2) 城市轨道交通车辆主要由________、________、________、________、________、________、________、________、________、________、________、________等部分组成。

(3) 列车编组三要素分别是__________、__________、__________。

(4) 车辆基地主要由__________、__________、__________等组成。

(5) ________是城市轨道交通系统中对车辆进行运用管理、停放及维修保养的场所。

### 2. 问答题

(1) 简述城市轨道交通车辆的特点。

(2) 什么是动车？什么是拖车？我国地铁常用列车编组形式是怎样的？

(3) 列车的车侧与车辆的车侧有什么不同？

(4) 简述城市轨道交通车辆选型的原则。

(5) 城市轨道交通车辆由哪几部分组成？各起什么作用？

(6) 简述我国城市轨道交通车辆的检修修程及检修内容。

# 第 6 章

# 城市轨道交通通信信号系统

## 本章导学

本章首先介绍城市轨道交通通信信号系统的作用和组成要素，然后介绍城市轨道交通的通信系统，内容包括列车控制系统及轨道电路、计轴器、查询应答器、联锁系统、动力转辙机等信号设备，最后介绍城市轨道交通的信号系统，包括通信传输系统、无线调度通信系统、广播系统、时钟系统等。

## 教学目标

1. 了解各种城市轨道交通信号设备；
2. 了解列车运行控制系统的功能与结构；
3. 了解各种城市轨道交通通信系统的特点。

## 重点与难点

1. 城市轨道交通通信信号系统的概念；
2. ATC 系统。

## 建议学时

8 学时。

## 6.1 城市轨道交通通信信号系统概述

城市轨道交通通信系统是指挥列车运行、公务联络、传递各种信息和提高运输效率的重要手段，是保证列车安全、快速、高效运行必不可少的综合的通信系统。

城市轨道交通信号系统普遍采用自动化程度高的列车运行自动控制系统，保证列车运行安全。

通信系统与信号系统共同完成行车调度指挥，通信系统为信号系统和其他各子系统提供信息传输通道和时标（标准时间）信号。在发生火灾、事故等情况下，通信信号系统也是进行应急处理、抢险救灾的主要手段。

### 6.1.1 城市轨道交通通信系统的功能与组成

城市轨道交通通信系统是一个既能传输语音信号，又能传输文字、数据和图像等各种信息的综合业务数字通信网。

**1. 城市轨道交通通信系统的功能**

城市轨道交通通信系统的主要功能有以下三方面：

① 通信系统与信号系统共同完成行车调度指挥，通信系统为信号系统尤其是 ATC 系统提供信息传输通道；

② 通信系统是城市轨道交通内部公务业务联系的主要通道，使城市轨道交通各个子系统之间密切联系，以提高整个系统的运行效率；

③ 通信系统是城市轨道交通内外联系的通道。

**2. 城市轨道交通通信系统的组成**

城市轨道交通通信系统是保证列车安全运营的重要设备，其组成如图 6.1 所示。

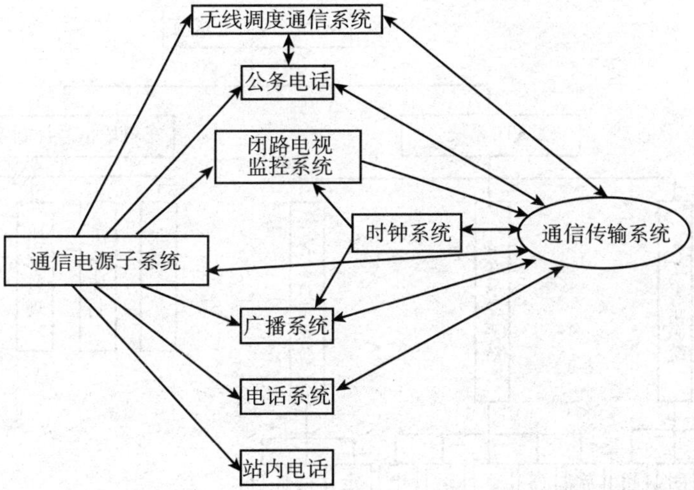


图 6.1　城市轨道交通通信系统的组成

### 6.1.2　城市轨道交通信号系统的功能与组成

城市轨道交通信号系统已经不是传统意义上的简单的信号显示。随着通信技术、计算机技术和控制技术的飞速发展，城市轨道交通信号系统已经发展成一个具有列车自动防护（ATP）、列车自动驾驶（ATO）和列车自动监控（ATS）等功能的综合自动化系统。

**1. 城市轨道交通信号系统的功能**

城市轨道交通信号系统是城市轨道交通系统中最重要的设备之一，它不仅保证列车运行的安全，防止列车追尾、正向和侧向撞车、超速等安全事故的发生，同时能够在有限的建设规模下，最大限度地发挥线路的运输能力，提高列车速度、运输效率和服务质量，还能够通过现代化的设备大大降低工作人员的劳动强度、降低运营成本等。

**2. 城市轨道交通信号系统的组成**

城市轨道交通信号系统通常由列车运行自动控制（ATC）系统和车辆段信号控制系统两大部分组成，城市轨道交通信号系统的基本组成如图 6.2 所示，用于实现列车进路控制、列车间隔控制、调度指挥、信息管理、设备工况监测及维护管理等。

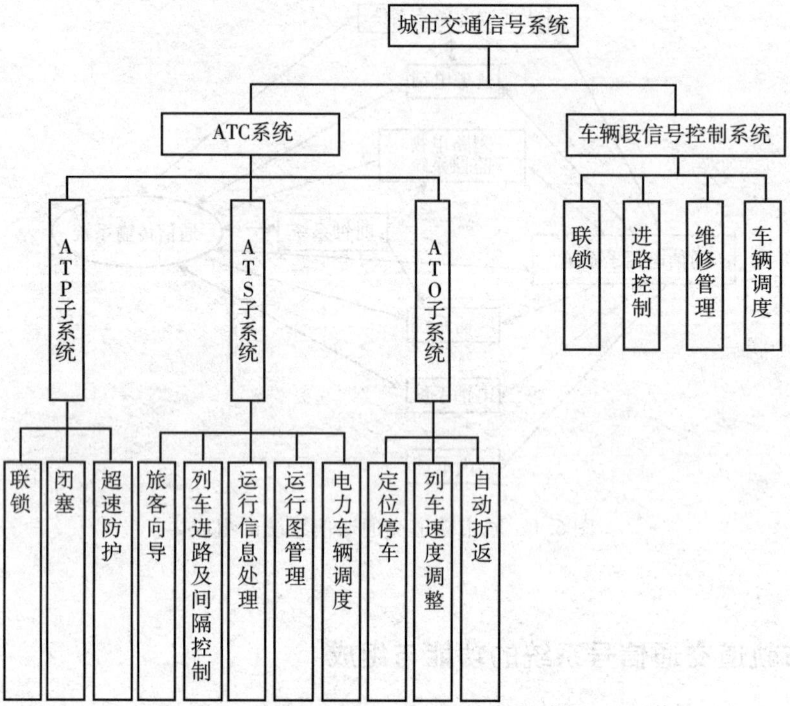


图6.2 城市轨道交通信号系统的组成

1）ATC 系统

ATC 系统是城市轨道交通信号系统最重要的组成部分，它实现行车指挥和列车运行自动化，能最大限度地保证列车运行安全，提高运输效率，减轻运营人员的劳动强度，发挥城市轨道交通的通过能力。

ATC 系统包括列车自动防护（ATP）、列车自动驾驶（ATO）及列车自动监控（ATS）三个子系统，简称“3A”。各子系统的功能如下：

① ATP 系统包括连锁、闭塞和超速防护 3 个子系统，主要功能是列车的速度监控和超速防护，通过实时地测速和测距，保证列车在安全的速度下行驶，必要时给出各种信号的提醒，甚至自动启动紧急制动装置。同时，还能对列车进行安全性停车点防护和列车车门控制。

② ATO 系统的主要功能是完成列车站间自动运行，进行列车速度调节和进站定点停车，对车门和屏蔽门进行控制，接受控制中心（OCC）的运行调度命令，实现站台扣车、站台跳停、自动折返等。使用 ATO 系统，可以使列车处于一个最佳的运行状态，提高列车的正点率和乘客舒适度。

③ ATS 系统是整个城市轨道交通系统的运营核心，在 ATP、ATO 系统的支持下完成对列车状态的监督和控制，主要功能有运行图管理、运行调整、仿真培训、旅客向导等。

2）车辆段信号控制系统

车辆段信号控制系统设有一套联锁设备，用以实现车辆段的进路控制，并通过 ATS 车辆段分机与行车指挥中心交换信息。

# 6.2　ATC 系统

ATC 系统是根据列车在线路上运行的客观条件和实际情况，对列车运行速度及制动方式等进行监督、控制和调整的技术装备。

## 6.2.1　ATC 系统的组成与功能

### 1. ATC 系统的组成

ATC 系统主要包括地面设备、车载设备和中央设备三部分，地面设备产生出列车控制所需要的全部基础数据，车载设备通过传输介质获取基础数据并对其进行处理，形成列车速度控制数据及列车制动模式，通过中央设备 ATS 系统控制列车安全运行。ATC 系统的组成如图 6.3 所示。

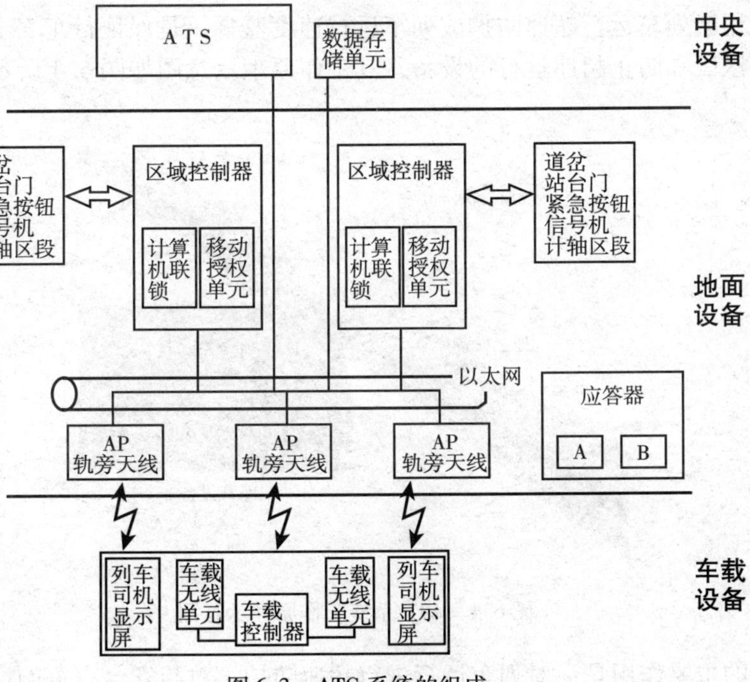


图 6.3　ATC 系统的组成

### 2. ATC 系统的功能

ATC 系统包括五个原理功能：ATS 功能、联锁功能、列车检测功能、ATC 功能和 PTI

（列车识别）功能。

① ATS 功能。可自动或由人工控制进路，进行行车调度指挥，并向行车调度员和外部系统提供信息。ATS 功能主要由位于 OCC（控制中心）内的设备实现。

② 联锁功能。响应来自 ATS 功能的命令，在随时满足安全准则的前提下，管理进路、道岔和信号的控制，将进路、轨道电路、道岔和信号的状态信息提供给 ATS 和 ATC 功能。联锁功能由分布在轨旁的设备来实现。

③ 列车检测功能。一般由轨道电路、计轴器等完成。

④ ATC 功能。在联锁功能的约束下，根据 ATS 的要求实现列车运行的控制。ATC 功能有三个子功能：ATP/ATO 轨旁功能、ATP/ATO 传输功能和 ATP/ATO 车载功能。ATP/ATO 轨旁功能负责列车间隔和报文生成；ATP/ATO 传输功能负责发送信号，包括报文和 ATC 车载设备所需的其他数据；ATP/ATO 车载功能负责列车的安全运营、列车自动驾驶，且给信号系统和司机提供接口。

⑤ PTI 功能。通过多种渠道传输和接收各种数据，在特定的位置传给 ATS，向 ATS 报告列车的识别信息、目的号码、乘务组号及列车位置数据，用以优化列车运行。

### 6.2.2 列车自动防护（ATP）系统

ATP 系统用于列车运行超速防护或列车运行速度监督，是保证行车安全、防止列车进入前方列车占用区段和防止超速运行的设备，其工作原理示意图如图 6.4 所示。

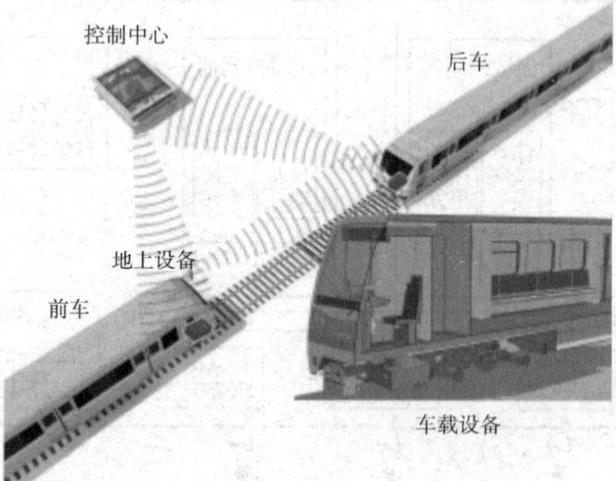


图 6.4 ATP 系统工作原理示意图

ATP 系统的主要作用是：对列车运行进行超速防护，对与安全有关的设备实行监控，实现列车位置检测，保证列车间的安全间隔，保证列车在安全速度下运行，信号显示，故障报警，降级提示，列车参数和线路参数的输入，与 ATS、ATO 及车辆系统接口并进行信息交换等。

### 6.2.3　列车自动驾驶（ATO）系统

ATO 系统用于模拟最佳的司机驾驶，实现高质量的自动驾驶，控制列车自动运行，提高列车运行效率，提高列车运行的舒适度，节省能源，因而它是提高城市轨道交通列车运行水平（准点、平稳、节能）的技术措施。

**1. ATO 系统的主要功能**

ATO 系统的功能分为基本控制功能和服务功能，具体功能如下：

① 基本控制功能是自动驾驶、自动折返、车门打开，这三个控制功能相互之间独立地运行；

② 服务功能包括列车位置、允许速度、巡航/惰行、PTI 支持功能等。

**2. ATO 系统的工作原理**

ATO 系统接收前车信息、目标距离、轨道信息、坡度信息及控制中心指令等所有信息，车载计算机对信息进行处理，以优化列车的控制。ATO 还装有一个双向的通信系统，使列车能够直接与车站内的 ATS 系统接口，保证实现最佳的运行图控制。

当列车处于自动驾驶模式时，车载 ATO 运用牵引和制动控制，实现列车的自动运行。

ATO 系统的工作原理如图 6.5 所示。

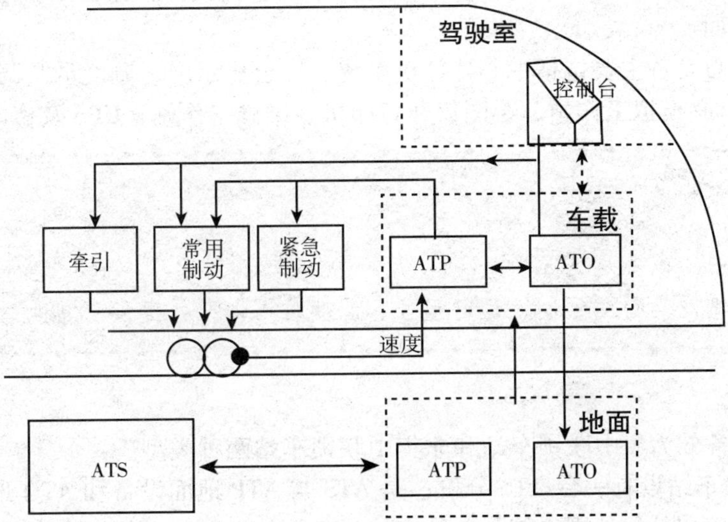


图 6.5　ATO 系统的工作原理

### 6.2.4 列车自动监控（ATS）系统

ATS 系统主要是实现对列车运行及所控制的道岔、信号机等设备运行状态的监督和控制，给行车调度人员显示出全线列车的运行状态，监督和记录运行图的执行情况，在列车因故偏离运行图时及时做出调整，辅助行车调度人员完成对全线列车运行的管理。

**1. ATS 系统组成**

ATS 系统主要由控制中心设备、车站设备、车辆段设备等组成，如图 6.6 所示。因用户要求不同，ATS 系统的硬件、软件配置差别很大。

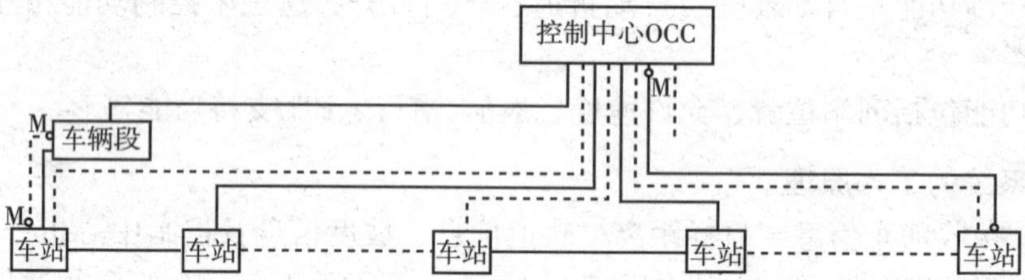


图 6.6 ATS 的系统组成

1）控制中心设备

ATS 控制中心一般设在城市轨道交通线路的较大车站，它配套现代化、高性能、模块化的控制系统，基于灵活的工作站结构，具有与分散的联锁设备、综合自动化系统、旅客向导系统等通信的界面。

ATS 控制中心设备主要包括中心计算机系统、综合显示屏、调度员及调度长工作站、运行图工作站、培训/模拟工作站、绘图仪和打印机、维修工作站、UPS 及蓄电池。

**提示：**

ATS 控制中心设备是 ATC 的核心，用于状态表示、运行控制、运行调整、车次追踪、时刻表编制及运行图绘制、运行报告、调度员培训，并提供与其他系统的接口。

2）车站设备

ATS 车站设备分为集中联锁车站和非集中联锁车站两种类型。

① 集中联锁车站设有一台 ATS 分机，是 ATS 与 ATP 地面设备和 ATO 地面设备的接口，用于联接联锁设备和其他外围系统，采集车站设备的信息，传送控制命令，使车站联锁设备能接受 ATS 系统的控制，以实现车站进路的自动控制。为从联锁设备取得所需数据，ATS 车站设备配备了采用可编程控制器的远程终端单元，采用模块化设计，扩展十分容易。

② 非集中联锁车站不设 ATS 分机，相关 ATS 设备均通过集中联锁车站的 ATS 分机与

ATS 系统联系。有岔非集中联锁车站的道岔和信号机由集中联锁车站的计算机控制，通过集中联锁车站的 ATS 分机接收 ATS 系统的控制命令。

**想一想：** 非集中联锁车站 ATS 设备与集中联锁车站有什么不同？

3）车辆段设备

ATS 车辆段设备包括 ATS 分机和车辆段终端设备。车辆段联锁设备通过 ATS 分机与控制中心交换信息，实现段内运行列车的追踪监视，车辆段与控制中心间提供有效的传输通道，距离较长时用 Modem。

① 车辆段设一台 ATS 分机，用于采集车辆段内存车库线的列车占用及进/出车辆段的列车信号机的状态，并在控制中心显示屏上给出信息显示，以便控制中心及车辆段值班员、车辆管理人员了解段内停车库线列车的车次及车组运用情况，正确控制列车出段。

② 车辆段派班室和信号楼控制台室各设一台终端，与车辆段 ATS 分机相连，根据来自控制中心的实际时刻表，建立车辆段作业计划。

**2. ATS 系统的功能**

1）ATS 系统的主要功能

ATS 系统的主要功能包括：

① 列车运行情况的集中监督和跟踪；

② 时刻表自动生成、显示、修改和优化处理；

③ 自动排列进路，按行车计划自动控制道旁信号设备以接发列车；列车运行自动调整；列车运行模拟及培训。

2）列车监督和跟踪功能

列车监督和跟踪功能包括：

① 在线列车的监视；

② 列车初始化；

③ 列车号移动；

④ 列车运行识别和集中显示等。

3）时刻表功能

时刻表系统向 ATS 功能提供时刻表数据，向外部系统提供时刻表数据，为停站时间表正线装载设置界面，为时刻表的离线修改设置界面，为使用中的时刻表增加和删除列车行程设置界面，按自动列车跟踪请求安排列车识别号。

4）控制中心 ATS 功能

控制中心能对列车进路、信号机、道岔实现集中控制，可根据当日列车运行计划时刻表自动控制列车运行，包括自动办理正线各种进路并控制办理的时机，自动控制列车驶入、离开正线的时机，自动控制车站列车停车时间及发车时机。必要时，通过办理控制权转移手续，可将控制权转移至车站。

行车调度员在必要时可以人工控制，包括人工建立及取消正线上各种进路等。行车调度员的人工控制命令在执行前均由控制中心计算机检查其合理性，并给出提示。

当列车运行偏离运行图（计划时刻表）时，需要进行列车运行的调整。ATS 系统不断地对计划时刻表与实际时刻表进行比较，并通过自动调整列车的停站时间，使列车恢复按计划时刻表运行，在此基础上自动产生列车的出发时间。在装备有 ATO 的线路上能通过对列车运行等级的设置实现对列车运行的自动调整。偏离误差较大时，可由行车调度员人工介入。

5）培训模拟系统功能

培训模拟系统能完整测试 ATC 系统全线列车运行调整和列车跟踪功能的有效性。系统具有模拟时刻表，模拟列车运行的调度等功能，可记录、演示，并据此对学员进行实际操作培训。

**提示：**

培训模拟系统是通过仿真手段离线模拟列车的在线运行，主要用于系统的调试、演示及人员培训，是一种必不可少的运行模式。

## 6.3 城市轨道交通信号设备

城市轨道交通基础信号设备包括信号及其显示设备、轨道电路、计轴器、查询应答器、转辙机等，它们是城市轨道交通信号系统的重要基础设备，它们的运用质量和可靠性，是信号系统正常运行和充分发挥效能的保证。城市轨道交通信号基础设备沿袭铁路信号基础设备，但是有的基础设备，例如信号机的设置和显示、轨道电路的制式等，又不同于铁路。

### 6.3.1 信号及显示设备

城市轨道交通列车在各自轨道上的行驶必须遵从一定的信号指挥。为了保证列车行驶安全，提高运输效率，设有多种信号来指挥列车的行车作业。城市轨道交通的信号主要有固定信号、车载信号、轨旁指示标志和手信号等。

**1. 固定信号及显示设备**

固定信号是将信号机固定在一个位置上，用颜色的变化显示信号指示列车运行。固定信号机设置原则如下：

① 城市轨道交通采用右行车制，地面信号机设于列车运行方向的右侧，地下隧道中的

信号机一般装在隧道壁上；

② 特殊情况下，固定信号机可设于列车运行方向的左侧或其他位置。

城市轨道交通固定信号色灯如图 6.7 所示。

**2. 车载信号及显示设备**

城市轨道交通为满足大容量和小间隔的运输，多采用列车自动控制（ATC）系统，所以更多地以车载信号作为司机驾驶的命令信息。图 6.8 是车载信号显示屏。

图 6.7　固定信号色灯

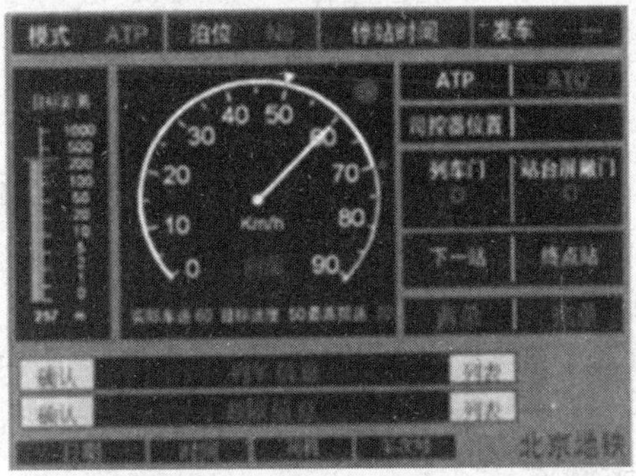


图 6.8　车载信号显示屏

**3. 轨旁指示标志和手信号**

轨旁指示标志是在线路上提醒司机注意或者是在施工时临时加入的需要注意的信号显示设备，如图 6.9 所示。

手信号多在信号设备故障或者是特殊的运营时段等情况下使用，图 6.10 是常用手信号之一。

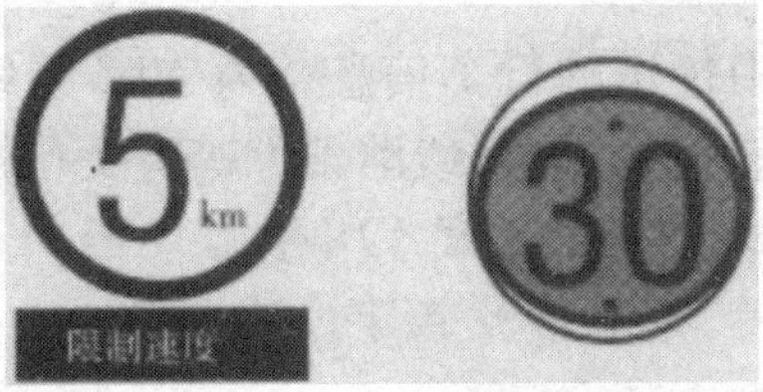


图 6.9　轨旁指示标志

图 6.10　手信号

### 6.3.2 轨道电路

轨道电路是以轨道线路的两根钢轨作为导体，两端加以机械绝缘或是电气绝缘，并接上送电和受电设备构成的电路，如图 6.11 所示。

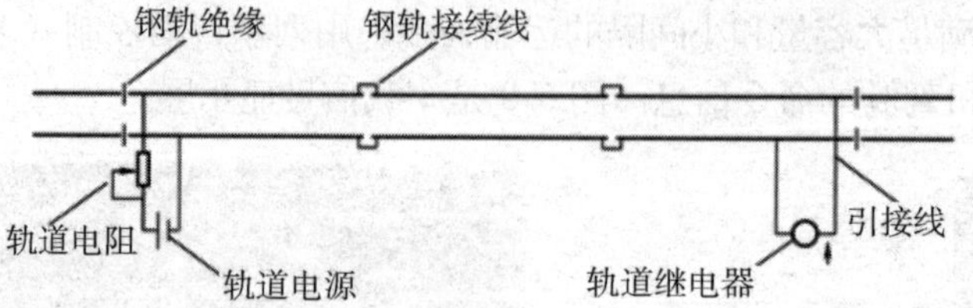


图 6.11 轨道电路组成示意图

**1. 轨道电路的工作原理**

① 当轨道电路设备完好，又没有车辆占用时，轨道电流从轨道电源正极经钢轨、轨道继电器线圈回到负极而构成回路，继电器处于吸起状态，表示轨道区段内无车占用，称为轨道电路的调整状态。

② 当轨道区段内有车辆占用时，因为车辆的轮对电阻比轨道继电器线圈电阻小得多，所以轨道电路被轮对分路，这时流经继电器线圈的电流很小，不足以使衔铁保持吸起，继电器失磁落下，表示该区段有车占用，称为轨道电路的分路状态。

③ 当轨道区段发生断轨或短线等故障时，流经继电器线圈的电流中断，使继电器失磁落下，称为轨道电路的断轨状态。

**2. 轨道电路的作用**

轨道电路用于监督线路的占用情况，并可以向列车传输控制信息，将列车运行和信号显示等联系起来。对于城市轨道交通，轨道电路是信号系统的重要基础设备，直接影响行车安全和运输效率。

轨道电路的作用主要表现在以下两方面：

① 监督列车占用线路的情况，利用轨道电路可反映该段线路是否空闲，为开放信号、建立进路或构成闭塞提供依据；

② 传递列车信息，例如音频数字编码轨道电路中传送的行车信息，为 ATC 系统直接提供控制列车运行所需要的前行列车位置、运行前方信号机状态和线路条件等有关信息，以决定本次列车运行的目标速度，控制列车在当前运行速度下是否停车或减速。

### 6.3.3 计轴器

计轴器是用于完成计算车辆进出区段的轮轴数、监督列车占用轨道区段的一种技术设备，它不受轨道线路、道床状况的影响。对采用 CBTC（基于无线通信的列车运行控制系统）的城市轨道交通线路，当无线传输设备发生故障时，可用计轴器检查列车位置，构成“降级”信号。计轴器的结构如图6.12所示。

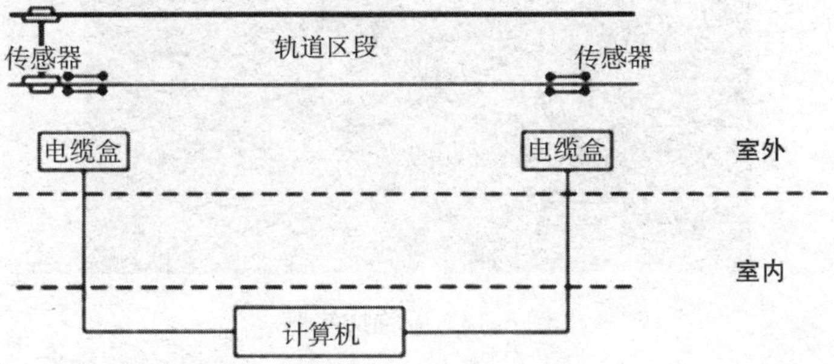


图6.12　计轴器的结构

计轴器由室内设备和室外设备两部分组成，室内部分为计算机，室外部分为电缆盒和传感器。在区间始端和末端各有一传感器，当车轮进入始端轨道传感器作用区时，传感器发出电脉冲信号给计轴器，开始进行加轴运算。当车轮进入末端轨道传感器作用区时，传感器同样发出电脉冲给计轴器，进行减轴运算。计数器显示如为0，表明此时区间无车；如计轴器显示不为0，则表明此时区间有车占用。

### 6.3.4　查询应答器

查询应答器是一种采用电磁感应原理构成的高速点式数据采集/传输设备，现已成为实现城市轨道交通地面与列车间相互通信的重要设备。

**1. 查询应答器的功能**

查询应答器技术在铁路上的应用比较广泛，例如进行车辆的测速和定位时，在地面固定地点道床上设置应答器，列车上安装查询器，列车经过应答器时通过向地面无源应答器发射能源，通过短程无线电波，使查询器立即从应答器反馈获得列车自身精确定位数值。

如果在轨道道床上按给定距离敷设多个应答器，则列车可以从它们连续定点地获得定位信息，从获得两个定位信息的间隙时间长短可以进一步求得本列车实际运行的速度。

在城市轨道交通中，查询应答器往往应用在移动列车和某个固定地点之间的信息传输。传统的做法是查询器装在机车上，而应答器装在地面轨道上，形成“列车查询信息，地面回答所需信息”的回路，如图6.13所示。

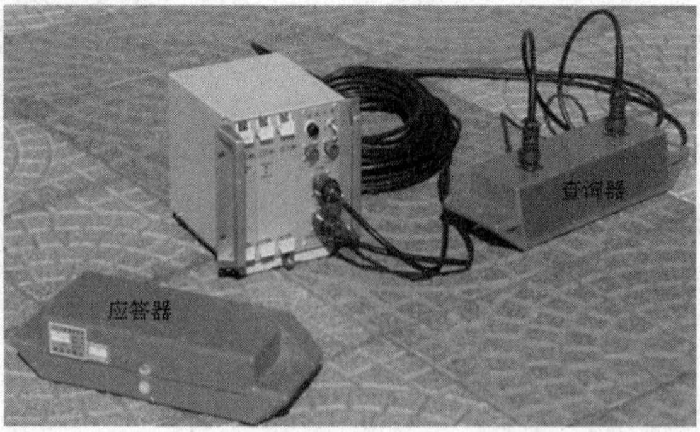


图 6.13 查询应答器

**2. 查询应答器的分类**

根据查询应答器所传输报文是否可变，查询应答器可分为无源查询应答器和有源查询应答器两大类。

1）无源查询应答器

无源查询应答器本身不具备电源，只有查询器居于其耦合谐振位置时，从查询器送出高频信号，并作为电源给应答器，才能使应答器中事先已存储的信息被发送出来，因此其信息一旦固定在应答器后，只能原封不动地读出，不可改变。

无源应答器一般预先固定写入一条应答器报文，列车经过该应答器时，固定发送预先写入的不变报文数据，如线路坡度、最大允许运行速度、轨道电路参数等信息。

2）有源查询应答器

有源查询应答器本身具备电源，所以它存储的信息是可变的，因此当查询器与其耦合谐振时，立即发出应答器内部已存储好的随机信息。

有源查询应答器通过专用的应答器电缆与 LEU（轨旁电子单元）连接，根据 LEU 设备所发送的报文，向列车传送应答器报文数据信息。有源应答器的报文按应答器编码规则编制，内容包括编号、链接关系、临时限速（至限速始点距离、限速区长度、限速速度）、进路长度、线路载频、线路固定信息等。

### 6.3.5 联锁系统

联锁是保证行车安全的重要技术措施。在城市轨道交通的车站和车辆段，为了保证机车车辆和列车在进路上的安全，有效利用站线能力，高效率地指挥行车和调车，改善行车人员的劳动条件，需要利用机械、电气自动控制和远程控制、计算机等技术和设备，使车站范围内的信号设备之间保持一定的相互制约关系，这种关系称为联锁关系。

**1. 联锁的基本内容**

联锁的基本内容包括：

① 防止建立会导致列车相冲突的进路；

② 使列车或调车车列经过的所有道岔均锁闭在与进路开通方向相符合的位置；

③ 使信号机的显示与所建立的进路相符。

**2. 实现联锁的基本技术条件**

实现联锁的基本技术条件如下：

① 进路上各区段空闲（无车占用）时才能开放信号。如果进路上有车占用，却能开放信号，则会引起列车、调车车列与原停留车的冲突，这是绝对不允许的。所以，进路信号开放前必须检查进路空闲。

② 进路上有关道岔在规定位置才能开放信号。如果进路上有关道岔开通位置不对却能开放信号，则会引起列车、调车车列进入异线或挤坏道岔，从而造成行车事故。所以，进路信号开放前必须确保进路上道岔位置正确。

③ 一旦信号开放，其防护进路上的有关道岔必须被锁闭在规定位置，不能转动，因为信号开放后，进路上任何道岔的转动或松动，都将会危及运行中的列车和车列的安全。

④ 敌对信号未关闭时，防护进路信号机不能开放；防护进路信号机开放后，与其敌对的信号必须被锁闭在关闭状态，不能开放，否则列车或调车车列可能造成正面冲突，危及行车安全。所以，进路的信号开放必须检查并确保敌对信号处于关闭状态。

### 6.3.6　动力转辙机

动力转辙机是道岔转换和锁闭控制的执行机构，是开通列车进路的重要的信号基础设备。由转辙机转换和锁闭道岔，易于集中操纵，实现控制集中化、自动化。转辙机在保证行车安全、提高运输效率、改善行车人员的劳动强度等方面起着非常重要的作用。

转辙机的作用如下：

① 转换道岔的位置，根据需要转换至定位或反位；

② 道岔转至所需位置而且密贴后，实现锁闭，防止外力转换道岔；

③ 正确地反映道岔的实际位置，道岔的尖轨密贴于基本轨后，给出相应的表示；

④ 道岔被挤或因故处于“四开”（两侧尖轨均不密贴）位置时，及时给出报警及表示。

## 6.4　城市轨道交通通信系统

城市轨道交通通信系统主要由通信传输系统、无线调度通信系统、广播系统、时钟系统等组成，下面对各组成系统进行简单介绍。

### 6.4.1　通信传输系统

通信传输系统是各车站/车辆段与控制中心及车站与车站之间的信息传输、不同线路之间信息交换的通道。因为通信传输系统担负着城市轨道交通几乎所有通信系统信息传输的重任，所以在城市轨道交通中的地位非常重要。

通信传输系统是连接行车调度指挥中心与车站、车站与车站之间信息传输的主要手段，是组建轨道交通通信网的基础和骨干。同时，通信传输系统也是为通信系统各子系统及列车自动控制系统、电力监控系统、自动售检票系统、综合监控系统等提供语音、文字、数据和图像信息的传输通道。

## 6.4.2 无线调度通信系统

### 1. 无线调度通信系统的基本概念

城市轨道交通的无线调度通信系统为控制中心调度员、车辆段调度员、车站值班员等固定用户与列车司机、防灾人员、维修人员、公安人员等移动用户之间提供无线通信手段。城市轨道交通无线通信系统除了应满足运营本身所需的列车无线调度通信和车辆段无线调度通信需要外，根据运营管理的实际情况，还必须满足管理必要的调度通信需要，如日常维修的维修调度无线通信，紧急情况下防灾调度无线通信及必要的站务无线通信等。

城市轨道交通的无线调度通信系统必须满足行车安全、应急抢险的需要，并考虑“互联互通”的需要。

无线调度通信系统包括移动交换机、归属用户数据库（HDB）、访问用户数据库（VDB）、鉴权服务器（AuS）、网管服务器（NMS）、基站控制器（BSC）、基站（BS）、移动台（MS）、固定台、调度台等，常用设备及相互之间的关系如图 6.14 所示。

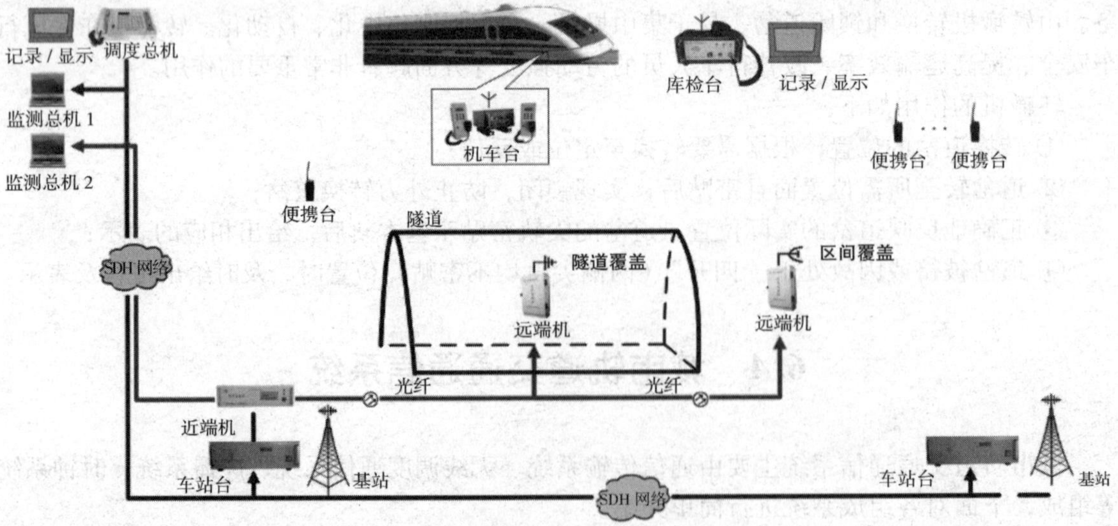


图 6.14　无线调度通信系统常用设备及相互之间的关系

**提示：**

目前，城市轨道交通无线调度通信系统均采用TETRA数字集群通信系统组网，该系统在保证行车安全及处理紧急突发事故方面有着不可替代的作用，同时还能为各个部门提供便利的通信手段。

**2. 无线调度通信系统的通信方式**

在无线调度通信系统中，可以采用单工、半双工、全双工三种通信方式。

1）单工通信方式

单工通信只支持数据在一个方向上传输，与传呼机一样，如甲可以向乙发送数据，但是乙不能向甲发送数据。在单工方式下，每个移动台只占用一个无线频道（发送占用上行无线频道或接收占用下行无线频道），多数用于组呼。在组呼中，同一基站的通话组成员，可共用一个下行无线频道进行收听。

2）半双工（准双工）通信方式

半双工通信是指一个时间段内只有一个动作发生，同一根传输线既作接收又作发送，虽然数据可以在两个方向上传送，但通信双方不能同时收发数据。例如甲方呼叫乙方，按下PTT键讲话，乙方接听；或乙方按下PTT键讲话，甲方接听，但甲、乙双方不能同时讲话。

采用半双工方式时，通信系统每一端的发送器和接收器，通过收/发开关转接到通信线路上，进行方向的切换，因此，会产生时间延迟。半双工通信时，每个移动台只占用1个无线频道（发或收），可用于组呼和选呼。

3）全双工通信

全双工通信可以同时进行双向传输，此时收、发信机同时打开，双方可以同时讲话。全双工通信方式下，每个移动台同时占用收、发两个无线频道，多数用于移动台用户与公众电话网用户之间的通信。

**提示：**

采用单工和半双工方式，可以节省无线信道资源，并降低无线终端设备耗电。

**3. 无线集群调度系统的功能需求**

根据城市轨道交通运营组织和管理要求，无线集群调度系统应满足列车运行相关工作人员之间的通信需要。比如，控制中心行车调度员与在线司机之间的通话，列车司机之间的通话，控制室值班员与站内移动工作人员之间的通话；防灾作业人员之间的通话；车辆段/停车场行调值班员与车辆段/停车场内列车司机之间的通话；车辆段/停车场值班员与车辆段/停车场内持便携台作业人员之间的通话。

除了传统的语音通信需求外，还可以利用无线系统提供的无线数据传输通道，在地面系统与车载系统之间提供数据传输通道。

### 6.4.3 广播系统

广播系统简称 PA，是城市轨道交通运营行车组织的必要手段，是实现集中管理的重要组成部分，广播系统应保证控制中心调度员和车站值班员向乘客通告列车运行，以及安全、向导等服务信息，向工作人员发布作业命令和通知。

广播系统的主要作用有：

① 对乘客广播，通知列车到站、离站、线路换乘、时间表变更、列车误点、安全状况，播放音乐改善候车环境；

② 防灾广播，在突发紧急情况时，组织指挥事故抢险，提高应急响应能力；

③ 对运营人员广播，发布有关通知信息，协同配合工作。

**1. 广播系统的组成**

广播系统由控制中心（OCC）广播、车站广播、车辆段广播三个相互独立又相互联系的子系统构成，包括控制中心设备、车站设备、车辆段设备，其结构如图 6.15 所示。

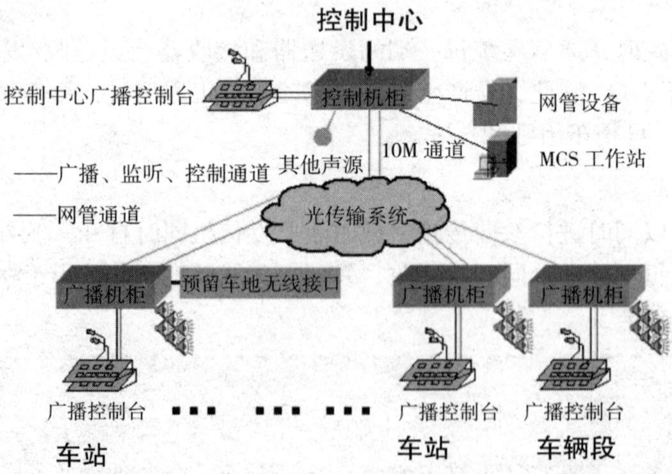


图 6.15 广播系统结构图

**2. 车站播音**

车站广播控制台配有播音区域选择键盘和送话器，在通信室还设有前置发大器、功放及控制接口单元等设备。车站的控制键按下后，相应的选择信号使被选择区域的广播电路接通，并使来自控制中心的播音信号中断，也即车站广播控制台对本站的播音具有优先权。在固定区域，可以根据列车运行实现自动广播。

为了提高播音的可靠性，每个播音区域内的扬声器，分别由两个扩大器驱动，并以梳状方式排列，其中一个扩大器故障时，仍能不间断地播音及维持基本播音量。站台的广播区域，还应配备自动音量控制装置，以保证播音音量始终保持比此区域内噪声音量高 10 dB 左右的水平上，达到较好的播音效果。

车站播音系统示意图如图 6.16 所示。

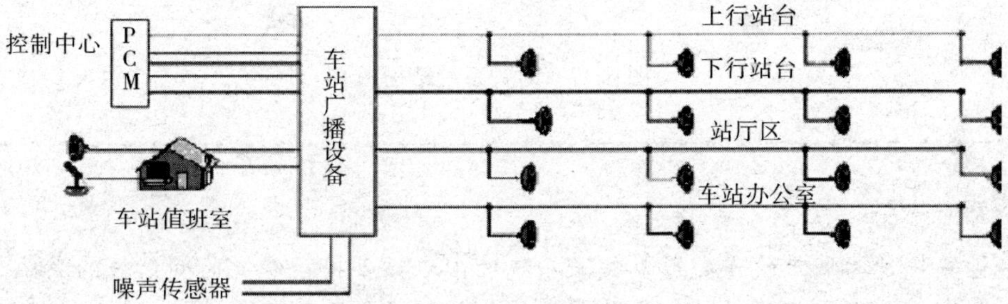


图 6.16　车站播音系统示意图

**3. 控制中心播音**

在控制中心设有行车调度、电力调度和环控调度三个广播控制台，三个广播控制台之间互锁，也即只允许一个广播控制台播音。三个广播控制台，分别配有广播区域选择键盘和送话器。选择控制信号经过控制与接口单元，通过 PCM 信道送至车站的控制单元，并显示在相应的广播控制台上。播音信号经放大，通过专用的屏蔽广播线，传送至所选车站。但各车站的播音具有优先级，从控制中心可对所有车站的所有区域播音，也可对某一个车站的某个区域有选择性地播音。

## 6.4.4　时钟系统

时钟系统是城市轨道交通通信系统的一个基本组成部分，用于为各线路、各车站提供统一的标准时间信息，为其他各系统提供统一的定时同步信号，使整个城市轨道交通系统执行统一的定时标准，确保通信系统及其他重要控制系统协调一致。时钟系统结构图如图 6.17 所示。

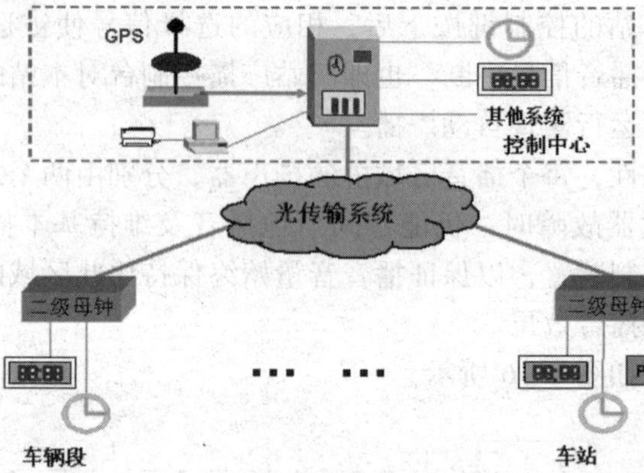


图 6.17　时钟系统结构图

**提示：**

时钟系统是为城市轨道交通其他子系统的中心设备提供统一时间信号的系统。为控制中心调度员、车站值班员、列车驾驶员、各部门工作人员及乘客提供统一的标准时间信息。因此，时钟系统的设置对保证城市轨道交通运行计时准确、提高运营服务质量起到了重要的作用。

## 复习思考题

### 1. 填空题

（1）城市轨道交通信号系统已经发展成一个具有______、______和______等功能的综合自动化系统。

（2）______是道岔转换和锁闭控制的执行机构。

（3）查询应答器技术在铁路上的应用广泛，一般在地面固定地点设置______器，列车上安装______器。

（4）车站范围内的信号设备之间保持一定的相互制约关系称为______关系。

（5）无线调度通信中可以采用______、______、______三种通信方式。

（6）广播系统由______、______、______三个相互独立又相互联系的子系统构成。

（7）ATC 系统的作用是：实现______自动化，能最大限度地保证______，提高__________，减轻__________，发挥__________的通过能力。

**2. 问答题**

（1）简述 ATC 系统的功能和组成。

（2）简述 ATP 系统的功能和组成。

（3）简述 ATO 系统的功能和组成。

（4）简述 ATS 系统的功能和组成。

（5）车站播音与控制中心播音，哪个具有更高的优先级？为什么？

（6）为什么时间系统对提高城市轨道交通运营服务质量至关重要？

（7）无线调度通信系统应满足哪两方面的无线通信需要？

# 第 7 章

# 城市轨道交通供电系统

## 本章导学

本章首先介绍了城市轨道交通供电系统的功能、基本结构及城市轨道交通对供电系统的技术要求，然后介绍变电所和接触网，变电所部分包括主变电所、牵引变电所、降压变电所，接触网部分包括架空式接触网和接触轨式接触网，最后介绍了杂散电流的产生原因、危害及防护措施。

## 教学目标

1. 了解城市轨道交通供电系统的功能；
2. 掌握城市轨道交通供电系统的基本结构；
3. 了解城市轨道交通对供电系统的技术要求；
4. 了解城市轨道交通系统变电所的种类及各自的功能；
5. 了解城市轨道交通各类接触网的特点；
6. 了解杂散电流的形成原因和防护措施。

## 重点与难点

1. 供电系统的构成；
2. 变电所的主要设备；
3. 接触网的分类及构成；
4. 杂散电流的形成、危害及防护措施。

## 建议学时

8 学时。

## 7.1 供电系统概述

城市轨道交通供电系统为城市轨道交通的正常运营提供所需电能，包括列车运行和运营辅助服务两方面的供电。城市轨道交通列车的动力是电能；为运营服务的辅助设施包括照明、通风、空调、排水、通信、信号、防灾报警、自动扶梯等，也都依赖并消耗电能。在运营中，供电一旦中断，不仅会造成城市轨道交通运输的瘫痪，而且还会危及乘客生命安全，造成财产损失。因此，高度安全可靠而又经济合理的供给电力是城市轨道交通正常运营的重要保证和前提。

城市轨道交通是一个重要的电力用户，根据其重要性规定为一级负荷。一级负荷由两路独立的电源供电，当任何一路电源发生故障中断供电时，另一路电源应保证城市轨道交通全部用电需要。

**提示：**

城市轨道交通系统是电力驱动的系统，因此电力是城市轨道交通的动力来源，保证电力系统工作正常，是运营组织工作的关键任务之一。

### 7.1.1 供电系统的供电过程

供电系统的主要功能就是满足城市轨道交通系统的用电要求，向各种机电设备提供安全、可靠、优质的电力供应，其供电过程如图 7.1 所示。

**1. 接收并分配电能**

从城市电网引入 110 kV 高压交流电源至城市轨道交通供电系统主变电所，降压成城市轨道交通供电系统使用的 10 kV 交流电，再通过城市轨道交通供电系统网络将电能分配到每一个车站和车辆段内的牵引变电所和降压变电所。

**2. 降压整流及输送直流电能**

10 kV/35 kV 中压交流电通过牵引变电所对主变电所引来的 10 kV 交流电进行降压、整流，使之变成1 500 V或750 V直流电，并通过牵引网不间断地供给运行中的动车组。

**3. 降压及动力配电**

10 kV/35 kV 中压交流电通过降压变电所将来自主变电所的 10 kV 交流电降压成 380 V/220 V 交流电，向车站和区间隧道的各种动力、照明设备供电，保证各种车站设备的正常运行。

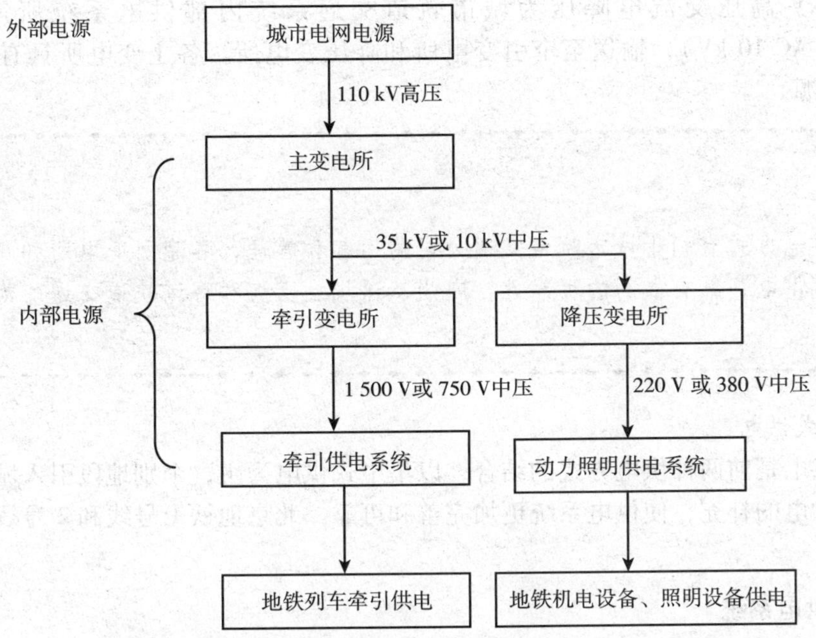


图 7.1　城市轨道交通供电过程

供电系统各级供电网络还应具有在正常、事故、灾害运行情况下控制、监测、监视、计量、调整的功能，以及安全操作联锁功能和故障保护功能。

## 7.1.2　供电系统的构成

城市轨道交通供电系统一般包括外部高压供电系统、牵引供电系统和动力照明供电系统等子系统。

**1. 外部高压供电系统**

外部高压供电系统是城市电网对城市轨道交通系统内部的主变电所供电的系统，有集中式、分散式、混合式三种供电方式，采用何种方式一般视各城市的具体情况而定。

1）分散式供电

在城市轨道交通线路沿线直接从城市电网引入多路电源，电源电压等级一般为 10 kV，供给各牵引变电所。分散式供电应保证每座牵引变电所和降压变电所皆能获得双路电源。

2）集中式供电

沿着城市轨道交通线路，根据用电容量和轨道交通线路的长短，建设轨道交通专用的主变电所。

主变电所电压一般为进线电源 110 kV，由发电厂或区域变电所对其供电，再由主变电所将 110 kV 高压交流电降压为城市轨道交通系统内部供电系统所需的电压级（AC 35 kV或 AC 10 kV），输送至牵引变电所和降压变电所。各主变电所具有两路独立的 AC 110 kV电源。

**提示：**

集中供电方式有利于城市轨道交通公司的运营和管理，各牵引变电所和降压变电所由环网电缆供电，具有很高的可靠性。广州、深圳、上海和香港轨道交通即为此种供电方式。

3）混合式供电

混合式供电是前两种供电方式的结合，以集中式供电为主，个别地段引入城市电网电源作为集中式供电的补充，使供电系统更加完善和可靠。北京地铁 1 号线和 2 号线即为此种供电方式。

**2. 牵引供电系统**

牵引供电系统供给电动列车运行的电能，在城市轨道交通供电系统中占据着举足轻重的地位。该系统的好坏直接影响城市轨道交通的运营效果。

1）牵引供电系统构成

在牵引供电系统中，电能从牵引变电所经馈电线、接触网输送给电动列车，再从电动列车经钢轨（称轨道回路）、回流线，流回牵引变电所。由馈电线、接触网、轨道回路及回流线组成的供电网络称为牵引网。因此，牵引供电系统由牵引变电所和接触网组成，如图 7.2 所示。

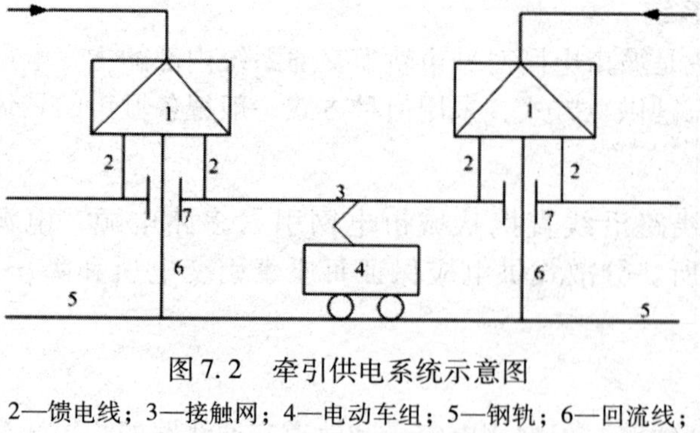


图 7.2 牵引供电系统示意图

1—牵引变电所；2—馈电线；3—接触网；4—电动车组；5—钢轨；6—回流线；7—电分段

牵引供电系统各组成部分的功能如下：

① 牵引变电所：供给城市轨道交通一定区域内牵引电能；

② 馈电线：从牵引变电所向接触网输送牵引电能；

③ 接触网：经过电动列车的受电器向电动列车供给电能；

④ 电动车组：消耗供电系统电能，将电能转换成机械能，实现列车位移；

⑤ 轨道：列车运行时利用走行轨作为牵引电流回流的电路；

⑥ 回流线：使牵引电流返回牵引变电所；

⑦ 为便于检修和缩小事故范围，将接触网分成若干段，称为电分段。

2）*牵引供电系统供电制式*

所谓供电制式，是指供电系统向电动车组供电所采用的电流和电压制式。电流制有直流、交流两类，国际电力牵引设备委员会建议城市轨道交通牵引供电系统采用的电流电压数值如下：

① 直流为 600 V、750 V、1 500 V、3 000 V（标称值）；

② 交流为 6 250 V、15 000 V、25 000 V（标称值）。

**提示：**

我国国标电压电流标准为直流 750 V 和直流 1 500 V 两种。因此，我国各城市轨道交通系统采用的电压制式均为直流 750 V 和直流 1 500 V。北京地铁基本上采用直流 750 V，上海、广州等市大都采用直流 1 500 V。

因此，牵引供电系统中的牵引变电所输入电压一般为 35 kV，经降压整流，输出电压为接触网所需的直流 750 V 或直流 1 500 V。

**3. 动力照明供电系统**

动力照明供电系统为以下两类设备提供电源：

① 车站和区间各类照明、扶梯、风机、水泵等动力机械设备；

② 通信、信号、自动化等设备。

动力照明供电系统由降压变电所及动力照明设备组成，如图 7.3 所示。每个车站应设降压变电所，若地下车站负荷较大，一般设于站台两端，其中一端可以和牵引变电所合建成混合变电所；若地面车站负荷较小，可设一个降压变电所。

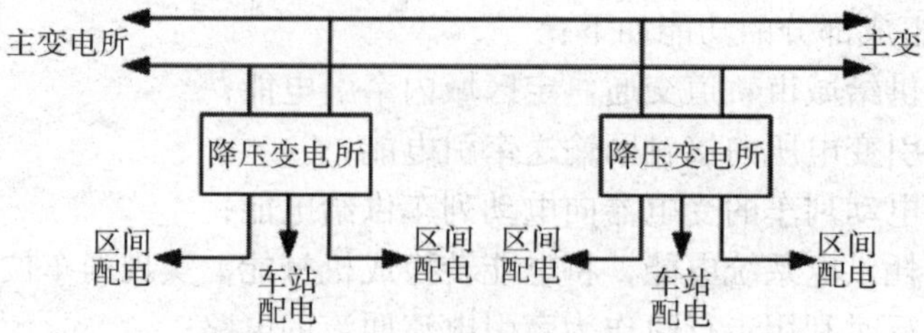


图 7.3　动力照明供电系统示意图

动力照明供电系统中各组成部分功能如下：

① 降压变电所：将来自主变电所的中高压三相交流电源进线电压降为三相 380 V 或 220 V交流电；

② 配电所（室）：仅起到电能分配作用，将来自降压变电所的 380 V 或 220 V 交流电分别供给动力设备或照明设备；

③ 配电线路：配电所（室）与用电设备之间的连接线路。

**注意：**

各配电所（室）对本车站及两侧区间动力和照明等设备配电。

在动力照明供电系统中，车站设备用电负荷分三类：

① 一类负荷包括事故风机、消防泵、主排水站、售检票机、防灾报警、通信信号、事故照明；

② 二类负荷包括自动扶梯、普通风机、排污泵、工作照明；

③ 三类负荷包括空调、冷冻机、广告照明、维修电源。

## 7.2　变　电　所

### 7.2.1　变电所的分类

变电所就是供电系统中对电能的电压和电流进行变换、集中和分配的场所。

城市轨道交通供电系统中的变电所根据功能的不同，可以分为 3 类：主变电所，牵引变电所，降压变电所。

**1. 主变电所**

对于集中式外部电源方案，应建设城市轨道交通主变电所。城市轨道交通主变电所的功能是连接城网高压电压，经降压后为牵引变电所、降压变电所提供中压电源。

根据城市轨道交通用电负荷特点，主变电所一般沿线路布置。根据电压损失要求确定主变电站所数量之后，通过与城市规划、电力等部门协商，确定主变电所位置。主变电所结构形式应根据主变电所所处位置确定。

**2. 牵引变电所**

城市轨道交通供电系统的主要用电对象是电动车组，即牵引供电。为确保牵引供电的质量，牵引变电所的设置（数量、位置）和容量应该按远期列车编组，运行密度按牵引供电计算后确定。

根据制式的不同，牵引变电所又分为直流牵引变电所和交流牵引变电所。根据不同的牵引制式，在牵引变电所内完成相应的变压、变相工作。

**提示：**

目前，我国的牵引变电所主要有电气化铁路的单相工频交流制牵引变电所和城市轨道交通系统（地铁和轻轨）的直流牵引变电所两种。

**3. 降压变电所**

降压变电所将中压电能转换为低压电能，向车站、区间、车辆段（停车场）、控制中心所有低压用电负荷提供电源。

降压变电所是城市轨道交通运营安全、行车安全、防灾安全及应急处理等动力照明供电的保障。降压变电所根据动力用电量确定其设置数量和容量。

**提示：**

降压变电所和牵引变电所同等重要。

## 7.2.2 主变电所

城市轨道交通供电系统中，主变电所指的是由上一级供电区域获得高压（如 110 kV 或 220 kV）电能，经降压后以中高压电压等级（如 35 kV 或 10 kV）向牵引变电所和降压变电所供电的一类变电所。

为保证轨道交通牵引负荷一级用电需要，需设置 2 座或 2 座以上主变电所；两路电源进路配置两台相应的变压器。主变电所的主接线图如图 7.4 所示。

主变电所如需以不同电压等级向附近牵引变电所、降压变电所供电，主变压器可以采用三相三线圈有载调压变压器。

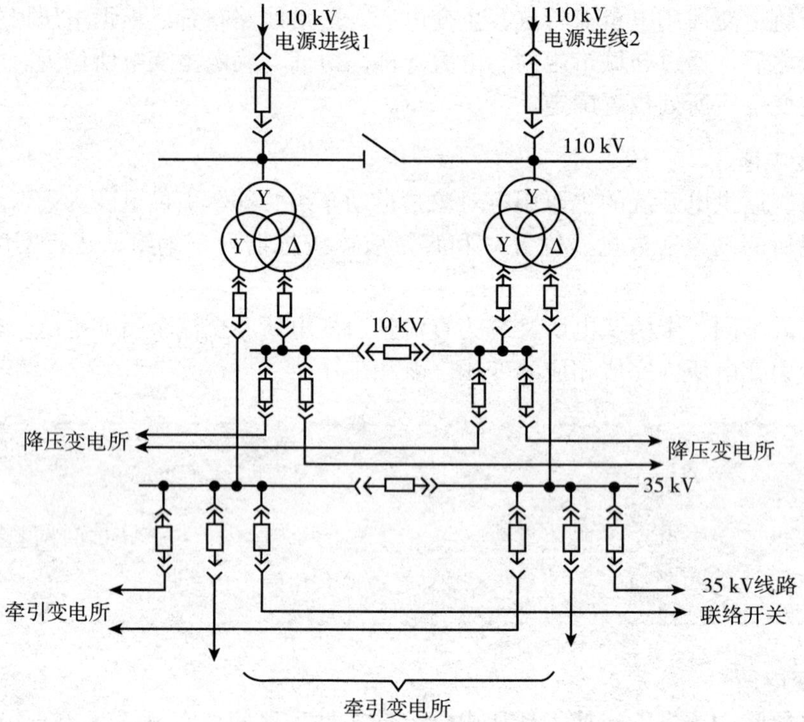


图 7.4 主变电所的主接线图（内桥结构线类型）

## 7.2.3 牵引变电所

由于城市轨道交通列车是以一定的速度沿区间运行的，供给一定区段内牵引电能的变电所称为牵引变电所。牵引变电所从主变电所获得电能，经过降压和整流变成电动列车牵引所需要的 1 500 V 或 750 V 直流电。牵引变电所的主接线图如图 7.5 所示。

**1. 牵引变电所的工作原理**

每座牵引变电所按其所需容量设置两组整流器并列运行。

位于相邻两个牵引变电所之间的接触网，为了能安全、可靠地供电，通常在中央处断开，将牵引变电所之间两供电臂的接触网分成相互绝缘的两部分，每一部分称为一个供电分区。

在供电分区的末端设置有断路器和隔离开关的分区亭，以便对接触网起到分断与保护作用，同时还可以通过分区亭内的开关设备，将供电分区连接起来。

任一牵引变电所发生故障时，由两侧相邻牵引变电所共同承担其间的全部牵引用电负荷。

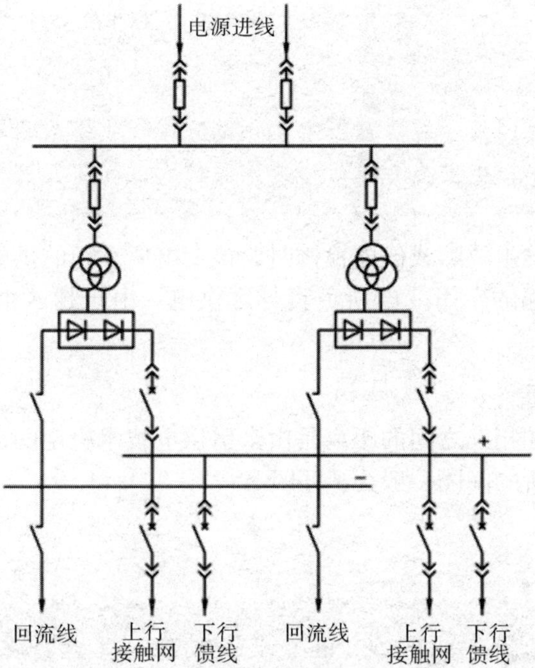


图 7.5　牵引变电所的主接线图

**知识链接**

牵引变电所的关键设备是整流器，其中的整流元件由于较长时间流过超过允许值的电流而导致元件温度过高时，容易引起元件损坏和整流器停止工作，所以必须采取有效的过电流保护和降温冷却保护。过电流保护采用高速空气开关，是一种断开速度极快的电流开关，其跳闸信号采用电流变化率，即在电流值出现前，根据电流量增加的速率提前给出跳闸信号。

**2. 牵引变电所的供电方式**

牵引变电所向牵引网的供电方式，主要按牵引变电所的分布情况、供电臂的长短、线路状态之供电可靠性而定。通常有单边供电和双边供电两种。

每个供电分区的接触网，只从一端的牵引变电所获取电流，这种供电方式为单边供电。如将分区亭开关闭合，则相邻牵引变电所间的两个同相接触网供电分区可同时从两个牵引变电所获取电流，这种供电方式称为双边供电。

**提示：**

单边供电时，接触网发生故障只影响本供电分区，故障范围较小。双边供电时，虽然可提高供电电压水平，但发生故障时影响范围较大，因此目前较少应用。

当某个牵引变电所发生故障或停电检修时，该变电所承担的供电臂供电任务，通过分区亭开关闭合，由两侧相邻的牵引变电所负责越区供电。由于越区供电，供电质量受影响较大，属于非正常供电。

**3. 牵引变电所的设置**

牵引变电所的容量和相互之间的距离是由牵引供电技术决定的，一般设置在沿线若干车站及车辆段附近，变电所的间隔一般为 2 ~ 4 km。

**实例链接**

天津地下铁道 1 号线全长 26.188 km，共设有 22 个车站，设有 19 座 10 kV 牵引变电所。

牵引变电所可以设在地面，也可以设在地下，一般应尽可能设在地面，因为地面变电所投资小，运行费用低、运行管理方便。

牵引变电所可沿轨道交通线路均匀布置，也可与降压变电所合建于车站站端。均匀布置可减少变电所数量，馈电质量较好，但管理不方便；设在车站，可与降压变电所合建，管理比较方便。

牵引变电所内应留有大型设备的进出口和运输通道，同时考虑通风、散热、防火、防电、防雷击等要求。

牵引变电所的设置距离应保证高峰时段最大运营负荷的需要，同时应保证系统中任何相隔的两座变电所发生故障解车时，靠其相邻的变电所的过负荷能力，仍能保证列车的正常运行。

## 7.2.4 降压变电所

城市轨道交通的正常运行中，除了牵引用电之外，在环境控制和系统服务等方面还有众多用电设备，如通风机、给排水泵、自动扶梯等动力设备，以及照明、通信信号设备等。这些设备一般使用三相 380 V 或单相 220 V 交流电。降压变电所是将区域变电所或主变电所输入的中高压等级电压降压变成低压交流电，并通过配电所（室）分配各种设备用电。

降压变电所一般设在车站附近，既可对车站较集中的电气设备供电，也方便向车站两端区间用电设备供电。此外，车辆基地、系统调度控制中心需要由专门设置的降压变电所为其供电。

降压变电所主接线图如图7.6所示。

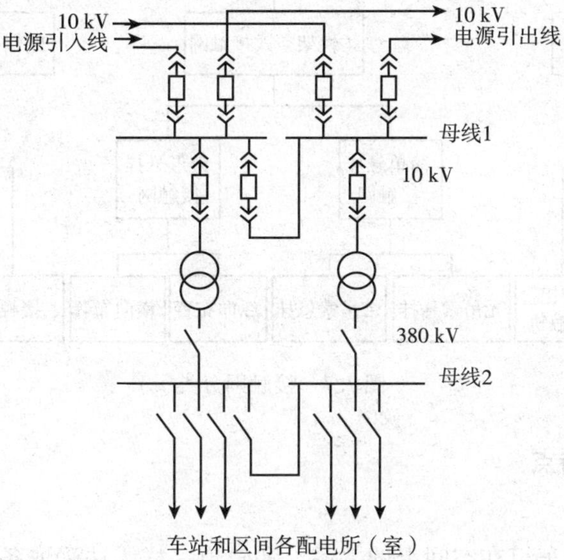


图7.6　降压变电所主接线图

## 7.3　接　触　网

### 7.3.1　接触网概述

接触网是一种悬挂在轨道上方（或边上）沿轨道敷设的、和轨顶（边）保持一定距离的输电网。其功能是通过与城市轨道列车的受流器直接滑动接触，将电能传送给轨道列车，驱动牵引电机使列车运行。

**1. 接触网的分类**

接触网按其结构可分为架空式接触网和接触轨式接触网两大类。架空式接触网按其悬挂方式又可分为柔性（弹性）接触网和刚性接触网。由于接触轨式接触网是沿线路敷设的与轨道平行的附加轨，故又称第三轨；而采用架空式时，有时简称为“接触网”。接触网的分类如图7.7所示。

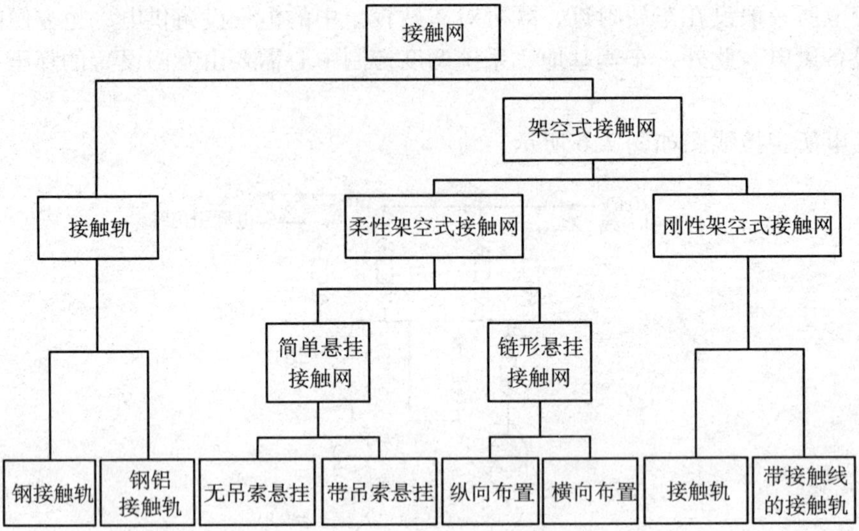


图 7.7　接触网分类

**2. 接触网的工作特点**

1）没有备用

接触网由于与电动车组在空间上的关系，和轨道一样无法采取备用措施。一旦接触网故障，整个供电区间即全部停电，在其间运行的电动车组失去供电，列车停运。

2）经常处于动态运行状态中

和一般电力线路只在两点间固定传输电能不同，在接触网下沿线许多电动车组高速运动取流。电动车组受流设备以对接触网一定的压力和速度与接触网接触摩擦运行，通过接触网的电流很大，运行中不可避免地会因受流设备离线而引起电弧，再加上在露天区段还要承受风、雨、雪及大气污染的作用，使接触网昼夜不停地处于振动、摩擦、电弧、污染、伸缩的动态运行状态之中。这些都会对接触网各种吊索、零件产生恶劣影响，使其发生故障的可能性较一般电力线路的概率要大得多。

3）结构复杂，技术要求高

接触网的运行环境和运行特点决定了接触网的结构较一般电力线路有很大的不同，为了保证电动车组安全、可靠、质量良好地从接触网取流，接触网的结构比较复杂，技术要求也比较高，如对接触网导线的高度、拉力值，定位器的坡度，接触网的弹性、均匀度等都有定量的要求。

**3. 对接触网的基本要求**

接触网的工作状态主要是指接触线和电动车组受电弓滑板的接触和导电情况。为保证良好的导电状况，滑板与接触线的接触应保持一定的接触压力。在电动车组静止时，接触压力可以保持不变。当电动车组运行时，滑板跟着运动，与接触网形成滑动摩擦接触。这时，如能继续保持一定的接触压力，不间断地向电动车组供电，接触网才能处于良好的工作状态。但由于电动车组的振动和接触线高度变化等因素，往往造成滑板和接触线间的压力变化很大，有时甚至产生脱离现象，致使滑板和接触线之间脱离处产生电弧。当因接触线本身不平直而出现小弯，或因悬挂零件不符合要求超出接触面时，滑板滑到此处将发生严重碰撞或电弧，这是很不利的，这种情况称作接触网有硬点。因为碰撞和电弧会造成接触网和受电弓的机械损伤和烧伤，严重时将造成断线事故，而且取流不良会对电动车组上的电机和电器产生不利的影响，应尽量避免。因此，为了保证对电动车组良好的供电，对接触网提出以下基本要求：

① 接触网敷设应弹性均匀、高度一致，在高速行车和恶劣的气候条件下，能保证正常取流；

② 接触网结构应力求简单，并保证在施工和检修方面具有充分的可靠性和灵活性；

③ 接触网的寿命应尽量长，具有足够的耐磨性和抗腐蚀能力；

④ 接触网的建设应节约有色金属及贵重材料，以降低成本。

## 7.3.2　架空式接触网

架空式接触网是架设在走行轨道上方的接触网，由电动列车顶部伸出的受电弓与之接触取得电能。一般牵引网电压较高时，为了安全和保证一定的绝缘距离，宜采用高架式接触网。架空式接触网分为地面架空式和隧道架空式两种。

**1. 地面架空式接触网**

地面架空式接触网由接触悬挂、支持装置、支柱与基础等部分组成，如图7.8所示。

图7.8　地面架空式接触网

接触悬挂是将电能传导给电动车组的供电设备。支持装置用来支持悬挂，并将悬挂的负荷传递给支柱等固定装置。支柱与基础用以承受接触悬挂和支持装置所传递的负荷，并将接触悬挂固定在一定的高度。

**2. 隧道架空式接触网**

因为隧道内空间狭窄，所以隧道架空式接触网必须考虑隧道断面、净空高度、带电体对接地体的绝缘距离等因素的限制。此外，隧道架空式接触网的支持装置可以直接设置在洞顶或洞壁上，而不需要专门的支柱，如图 7.9 所示。只有合理地选择和确定悬挂方式，才能充分地利用有效的净空高度，改善接触网的工作性能。

图 7.9　隧道架空式接触网

对于隧道架空式接触网，接触线由调节臂固定，调节臂带棒式绝缘子，另一端固定安装在隧道洞顶一侧的弹性支架下，安装在绝缘子上的馈电线通过连接线与接触线连接，使接触线受电。调节臂可用来调整接触线与轨面之间的高度，弹性支架通过调节臂使接触线与受电弓之间保持足够的弹性，以保证它们之间的良好接触受流。

**知识链接**

> 地面与隧道架空式悬挂均属柔性接触悬挂，还有一种悬挂方式为刚性架空式接触悬挂，可适用于低净空隧道，在日本的东京、大阪等地铁中已有应用，但在弹性方面不如柔性接触悬挂。

## 7.3.3　接触轨式接触网

接触轨式接触网是沿线路敷设的与走行轨道平行的附加轨，故又称第三轨，如图 7.10 所示。

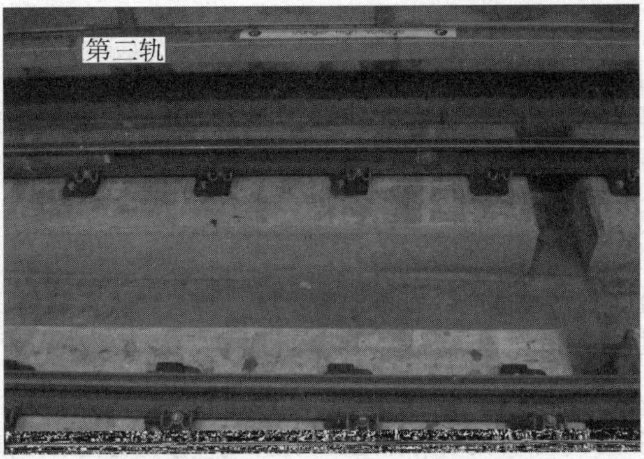


图 7.10 接触轨式接触网

接触轨式接触网的功能与架空式接触网一样，通过它将电能输送给电动车组。不同点在于，接触轨是由敷设在轨路旁的具有高导电率的特殊软钢制成的。电动车组伸出集电靴与其接触而取得电能。接触轨式接触网用电电压一般为750 V。对于地下线，第三轨受电比较经济，因为不像架空式接触网那样需要增大隧道尺寸。

接触轨可以有三种布置方式，即上磨式、下磨式和侧磨式，如图7.11所示。

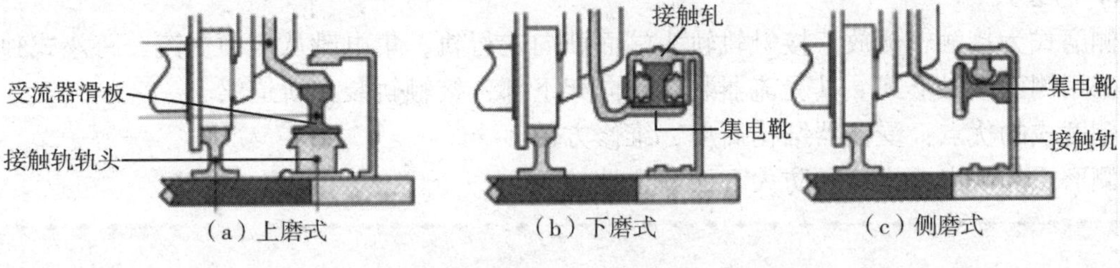


图 7.11 接触轨三种布置方式

**1. 上磨式**

上磨式为接触轨正放，轨面朝上固定安装在专用绝缘子上，并且由固定在枕木上的弓形肩架予以支持。上磨式接触轨由接触轨、绝缘子、三轨夹板、防护支架、防护板、端部三轨弯头、防爬器等构件组成。受流器滑板从上压向接触轨轨头顶面受流。受流器的接触力是由弹簧的压力调节的，受流平稳，由于端部弯头的过渡作用，能够减少在断电区的电流冲击。

1）上磨式的优点

结构简单，设备费、维护和更新费用低。

2）上磨式的缺点

① 因结构的局限性，带电接触轨的安全防护性能差；

② 接触面上积累尘屑，加速接触轨和集电靴的磨损，潮湿环境会增加短路故障发生概率；

③ 接触轨的安装高度（垂直方向）不易调节，需要设计多种高度的零部件以满足实际需要。

**2. 下磨式**

下磨式为接触轨倒放，通过绝缘肩架、橡胶垫、扣板、收紧螺栓、支架等安装在底座上。车辆集电靴通过与接触轨的下底面接触获取电能。

1）下磨式的优点

接触轨的安装高度及水平方向均可作适当调整，不需要设计多种高度的零部件就可以满足实际要求。下部受流方式防护罩从上部通过橡胶垫直接固定在接触轨周围，安全性好。下部接触方式遮挡雨雪、避免尘屑的条件优于上部取流方式，能较好地确保牵引网系统的安全可靠运行。

2）下磨式的缺点

相对于上部受流接触方式而言，下磨式接触轨结构较复杂，设备费用、维护和更新费用较高。

**3. 侧磨式**

侧磨式为接触轨侧放，接触轨轨头端面朝向走行轨，集电靴从侧面受流。跨座式独轨车辆就采用侧面接触形式。其受流器装在转向架下部，接触轨装在轨道梁上。

侧磨式的优点：受流器结构简单，维修方便。

侧磨式的缺点：人身和防火方面安全性较差。

**提示：**

侧磨式受流方式是近年来新开发的一种受流方式，在国内应用较少，国外在加拿大、马来西亚的部分线路上有所使用。

## 7.4 杂散电流

### 7.4.1 杂散电流的形成

杂散电流也被称为迷流，是在城市轨道交通直流牵引供电回流中产生的。在直流牵引供电系统中理想的状况下，牵引电流由牵引变电所的正极出发，经由接触网、电动车组、轨道、回流线返回牵引变电所的负极。但轨道与隧道或道床等结构钢之间的绝缘电阻不是无限大，这样势必造成流经牵引轨的牵引电流不能全部经由钢轨流回牵引变电所的负极，有一部分牵引电流会泄漏到隧道或道床等结构钢上，然后经过结构钢和大地流回牵引变电所的负极，这部分泄漏到隧道或道床等结构钢上的电流就是杂散电流。

### 7.4.2　杂散电流的危害

杂散电流是一种有害的电流，会对城市轨道交通中的电气设备设施的正常运行造成不同程度的影响，对隧道、道床的结构钢和附近的金属管线造成危害，其表现如下：

① 若地下杂散电流流入电气接地装置，将引起过高的接地电位，使某些设备无法正常工作；

② 杂散电流对隧道等的结构钢有腐蚀性；

③ 若轨道局部或整体对地的绝缘变差，则此轨道对大地的泄漏电流将增大，地下杂散电流增大，这时有可能引起牵引变电所的框架保护动作。而一旦框架保护动作，则整个牵引变电所的开关会跳闸，全所失电，还会联跳相邻牵引变电所对应的馈线开关，造成较大范围的停电事故，影响轨道交通的正常运营。

直流牵引供电方式所形成的杂散电流及其腐蚀部位如图 7. 12 所示。

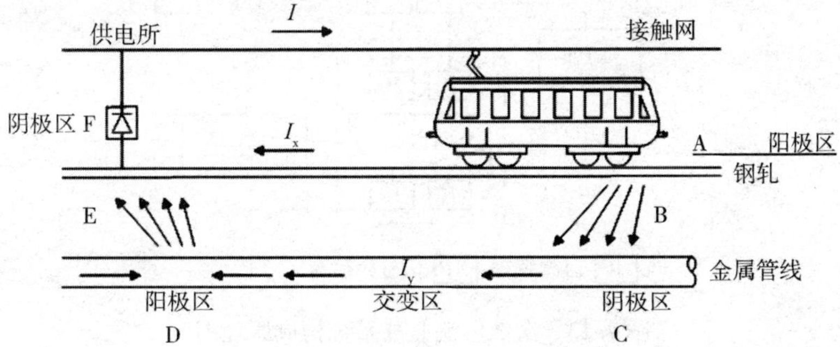


图 7. 12　杂散电流腐蚀原理图

图中的 $I$ 为牵引电流，$I_x$，$I_y$ 分别为走行轨回流和泄漏的杂散电流。由图可知，杂散电流所经过的路径可概括为两个串联的腐蚀电池；

电池Ⅰ：A 钢轨（阳极区）——B 道床、土壤——金属管线 C（阴极区）；

电池Ⅱ：D 金属管线（阳极区）——E 土壤、道床——F 钢轨（阴极区）。

当杂散电流由两个阳极区，钢轨（A）和金属管线（D）部位流出时，该部位的金属铁便与其周围电解质发生阳极过程的电解作用，此处的金属随即遭到腐蚀。

因此，杂散电流对隧道、道床或其他建筑物的结构钢筋及附近的金属管线（如电缆、金属管件等）造成电腐蚀。如果这种电腐蚀长期存在，将会严重损坏附近的各种结构钢筋和地下金属管线，破坏结构钢的强度，降低其使用寿命。

### 7.4.3 杂散电流的防护

杂散电流的防护设计应采取“以堵为主，以排为辅，防排结合，加强监测”的原则。

① 堵：隔离和控制所有可能的杂散电流泄漏途径，减少杂散电流进入轨道交通的主体结构、设备及可能与其相关的设施；

② 排：通过杂散电流的收集及排流系统，提供杂散电流返回至牵引变电所负母线的通路，防止杂散电流继续向本系统外泄漏，以减少腐蚀；

③ 监测：设计完备的杂散电流监测系统，监视、测量杂散电流的大小，为运营维护提供依据。

杂散电流监测系统主要监测整体道床排流网的极化电位、本体电位，隧道侧壁结构钢的极化电位、本体电位，监测点的轨道电位等，其构成原理如图 7.13 所示。

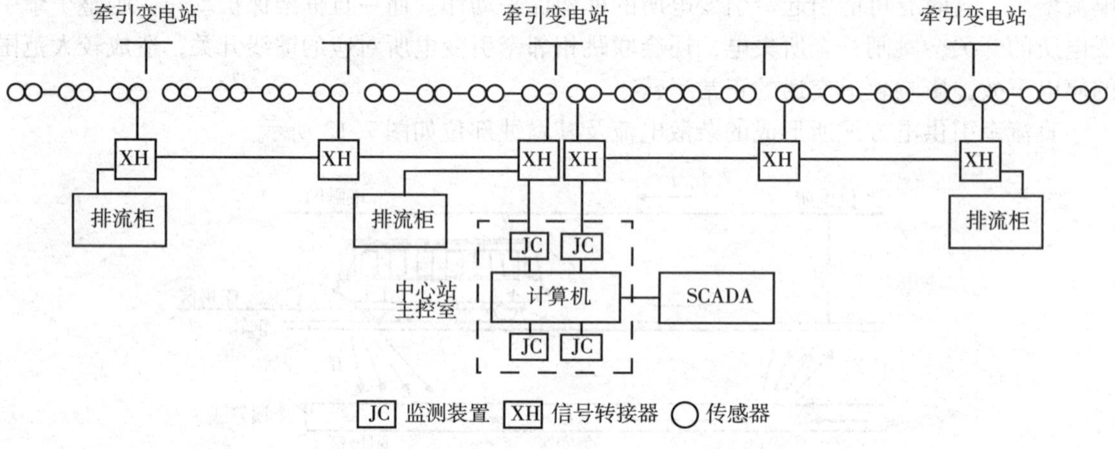


图 7.13 杂散电流监测系统构成原理图

传感器是一个数据采集处理系统，可以实时采集处理测量点排流网和结构钢的自然本体电位、正向平均值和半小时内的轨道电压最大值，并把采集运算得到的参数送入指定的内存存储起来。

由于整个轨道交通线路通信距离比较长，为保证传感器的数据可靠传送到中心站主控室的计算机，信号转接器起到了通信传输的中继作用。监测装置通过转接器向各个传感器获取监测数据，同时可以计算各个供电区间的轨地过渡电阻和轨道纵向电阻。

计算机与监测装置连接，把所有监测点监测和计算的有关杂散电流的信息参数以数据库的形式存入计算机，系统软件具有查询、统计和预测功能，可以实时查询到城市轨道交通沿线杂散电流腐蚀的防护情况。

# 复习思考题

## 1. 填空题

（1）______是供电系统中对电能的电压和电流进行变换、集中和分配的场所。

（2）城市轨道交通供电系统中的变电所根据功能的不同分为____________、________和____________。

（3）牵引变电所从主变电站获得电能，经过__________和__________变成电动列车牵引所需要的____________________。

（4）降压变电所将来自________的中高压交流电，经降压变成220 V/380 V 的低压交流电，为城市轨道交通系统的________设备和________设备供电。

（5）接触网按其结构可分为____________和______________。

（6）杂散电流是在城市轨道交通的____________中产生的。

## 2. 问答题

（1）简述城市轨道交通供电系统的主要功能。

（2）简述城市轨道交通供电系统的构成。

（3）简述主变电所、牵引变电所、降压变电所工作原理。

（4）主变电所、牵引变电所、降压变电所通常设在哪里？数量上有何考虑？

（5）简述接触网的工作特点。

（6）简述城市轨道交通对接触网的 4 项要求。

（7）地面架空式接触网由哪几部分构成？各有什么作用？

（8）杂散电流形成的原因有哪些？

（9）如何防护杂散电流？

# 第 8 章

# 城市轨道交通信息化

## 本章导学

本章首先介绍城市轨道交通信息化的现状及强化城市轨道交通信息化建设的必要性，然后介绍相关的信息化技术，最后介绍城市轨道交通供电、客运服务及安全保障方面的相关信息化系统。

## 教学目标

1. 了解我国城市轨道交通信息化现状；
2. 理解城市轨道交通信息化建设的必要性；
3. 掌握城市轨道交通的相关信息化技术；
4. 了解城市轨道交通供电系统相关信息化系统；
5. 了解城市轨道交通客运服务相关信息化系统；
6. 了解城市轨道交通安全保障相关信息化系统。

## 重点与难点

1. 城市轨道交通信息化建设的必要性；
2. 城市轨道交通的相关信息化技术。

## 建议学时

6 学时。

## 8.1 城市轨道交通信息化概述

城市轨道交通是一个非常有发展前景的行业，引进先进成熟的信息技术，并将其应用到我国城市轨道交通的各项设施和管理中，可以切实提高城市轨道交通的效率和效益。

城市轨道交通信息化建设的最终目标在于实现“人—车—环境”的和谐统一，以向用户提供最优质的服务为核心，根据用户的需要组织列车的运行，并对城市轨道交通基础设施资源进行合理使用和优化配置。

### 8.1.1 我国城市轨道交通信息化现状

我国信息化建设起步晚，工业化基础较差，目前城市轨道交通企业处于工业化和信息化融合发展阶段，轨道交通信息化还存在很大的发展空间。实践中，面临着更多的普遍性难题，比如如何适应新需求、如何控制应用系统规模、如何消除“信息孤岛”、如何加强信息系统集成性等。要解决这些难题，必须通过加强企业级的数据管理、推进企业级的集成系统建设来实现。

**1. 轨道交通图纸信息化管理现状**

现阶段技术图档都是以纸质的形式堆砌在档案室，采用人工的管理手段，这种管理方法已不适应目前轨道交通建设。各部门需要查找图纸时，需花几个小时甚至几天的时间在海量的图纸里翻找，如果要跨部门查找资料就更加烦琐，花费更多时间。由于缺乏统一的图纸管理规范，工作效率低下。

现阶段各部门都是通过会议的形式对各种变更进行审核，审核通过后由设计单位负责设计更改，更改完成后再通过会议的形式进行图纸评审。评审通过后，由相关人员以手工方式发放变更图纸，整个流程花费的时间比较长。

图纸管理的不规范，为日后运营的维护、紧急情况的处理带来了不小的隐患。在运营过程中如果出现故障，需要对照图纸进行故障排除及维护时，很可能会因为找不到最后变更的图纸而带来很大的麻烦；或者因为不能快速找到所需的图纸而造成故障排除的滞后，影响行车，甚至带来极大的经济损失。

**2. 轨道交通工程项目管理现状**

工程项目管理缺乏有效的精细化和可视化管理，业主难以随时跟踪项目进度，无法及时发现问题、规避风险。轨道交通基础建设工程量大，工程要求高，工程进度紧。这对工程项目管理提出了较高的要求，如对项目计划的管理、项目资源的分配、项目进度的跟踪、项目风险的控制、项目过程的监控等，尤其是业主需要及时地了解工程进度、存在的问题和风险等。但目前大多数轨道交通企业的工程项目管理未能较好地利用先进的项目管理工具，传统手工方式管理仍是主流。

### 8.1.2 我国城市轨道交通信息化建设的必要性

我国城市轨道交通行业应以工业化为载体，以信息化为手段，用信息技术武装、改造和提升传统工业，走信息化与先进轨道交通融合发展的新型道路，这也是我国释放各种发展活力、充分利用各种发展机遇的必然选择。

**1. 加快推进轨道交通信息化是振兴装备制造业的需要**

从宏观层面上，信息化与工业化融合的重点应着眼于装备制造业的振兴。装备制造业在国民经济和社会发展中具有十分重要的作用，它的水平往往决定了国家的经济素质、综合实力和国际竞争力，没有强大制造业的国家不可能成为经济强国。发达国家装备制造业正在向高度智能化和网络化方向发展。

作为装备制造业重要组成部分的轨道交通装备制造业，也面临着前所未有的发展机遇。从目前发展状况来看，中国装备制造业信息化仍存在诸多问题，具体表现为：

① 信息化取得明显进展，但应用深度不够；

② 企业信息化应用水平较低；

③ 企业信息化缺乏统一规范和标准等。

面对轨道交通快速发展的良好机遇，我国先进轨道交通装备制造业需要走两化融合的道路，进而提高先进轨道交通装备制造业的竞争力，并带动产业结构调整与优化升级，为产业发展提供新的增长点。

**2. 加快推进轨道交通信息化是搞好运营管理的需要**

轨道交通运营管理涵盖运输组织、市场营销、经营管理等各个领域。建设完善的客票发售、营销及生产管理等信息系统，有利于优化运输组织，提高运输效率，扩大运输能力，实施内涵式扩大再生产。同时，对于满足旅客日益个性化、多样化的服务需求，提供更加方便、快捷、舒适的运输服务，都具有十分重要的意义。

**3. 加快推进轨道交通信息化是保障运营安全的需要**

随着列车速度的提高、密度的加大和运量的增加，保证运输安全的难度也明显增大。提高轨道交通信息化水平，既能够提高安全技术装备本身的效能，又能够通过发挥信息系统的作用来提高对运输安全的监控水平。搞好信息化建设，是增加轨道交通运输安全保障能力的有效手段。

## 8.2 城市轨道交通信息化技术

从广义信息的角度看，信息化主要包括传感技术、通信技术、信息处理技术、安全监控技术、安全预警技术，需要运用这些技术对自然的和人工的信息进行检测、传输、处理，最终作用于外部世界。将其映射到城市轨道交通信息化建设中，就是建设一个集成了电子技术、计算机技术、现代通信技术、现代信息处理技术、控制与系统技术、管理与决策支持技术和智能自动化技术，以实现信息采集、传输、处理和共享为基础，通过高效利用与轨道交通相关的所有的移动设施、固定设施、空间、时间和人力资源，以较低的成本达到保障安全、提高运输效率、改善经营管理、提高服务质量的新一代城市轨道交通系统。

## 8.2.1 传感技术

现代感测技术主要指的是传感技术，主要包括传感器技术和射频识别技术。

### 1. 传感器技术

传感器技术是利用各种功能材料实现信息检测的一门应用技术。传感器是传感器技术的载体，是信息采集的首要环节，是实现现代化测量和自动控制的重要组成部分。所谓传感器，是指将各种非电量（包括物理量、化学量、生物量等）信号按一定规律转换成便于处理和传输的另一种物理量（一般为电量）的装置。

目前，传感器技术在我国城市轨道交通领域有着广泛的应用。例如，通过传感技术测量车速、车距、车辆状态等信息。

### 2. 射频识别技术

射频识别技术又称为电子标签，可通过无线电信号识别特定目标并读写相关数据，无须识别系统与特定目标之间建立机械或光学接触。

目前，射频识别技术在我国城市轨道交通列车车号自动识别、站台等门禁自动鉴别、行车数据获取等领域有着广泛的应用。

## 8.2.2 通信技术

### 1. 通信系统的工作原理

通信技术用于将信息从信源传向信宿，中间要经过发信器、传输线路、受信器几个环节，如图 8.1 所示。

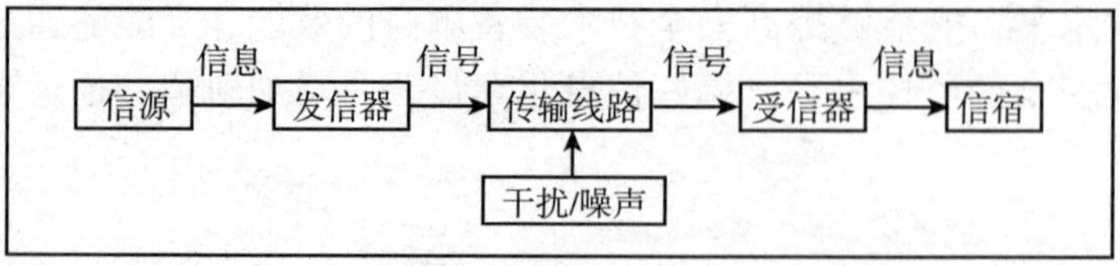


图 8.1 通信系统框图

### 2. 通信系统的分类

根据传输线路的不同，通常将通信技术分为有线通信技术和无线通信技术。

1）有线通信技术

有线通信技术利用有形传导体对信号进行导向性传输，有较强的封闭性和安全性，信号传输质量好，容量可以无限制地增大，但敷设、维修成本较高。有线通信技术主要包括计算机网络通信技术、现场总线通信技术和光纤通信技术。

（1）计算机网络通信技术。

计算机网络通信技术是通信技术与计算机技术相结合的产物，是指将地理位置不同的具有独立功能的多台计算机及其外部设备，通过通信线路连接起来，在网络操作系统、网络管理软件及网络通信协议的管理和协调下，实现资源共享和信息传递。

目前，计算机网络通信技术在城市轨道交通领域应用广泛，控制中心、车站及车辆段之间的操作台数据传送，几乎都是通过计算机网络技术完成的。

（2）现场总线通信技术。

现场总线（Field Bus，FB）是近年来迅速发展起来的一种工业数据总线，它主要解决工业现场的智能化仪器仪表、控制器、执行机构等现场设备间的数字通信，以及这些现场设备和高级控制系统之间的信息传递问题。现场总线技术可将传感测量、补偿计算、工程量处理与控制等功能分散到现场设备中完成，仅靠现场设备即可完成自动控制的基本功能，并可随时诊断设备的运行状态，实现互连设备间、系统间的信息传送与沟通，可实行点对点、一点对多点的数字通信。

目前，我国城市轨道交通系统多利用该技术实现列车中分散于各车辆中设备的协调工作及列车运行过程中安全信息的传输，能够实现整列车中所有设备的信息共享、协调工作，以及故障的远程诊断和维护，为旅客提供信息服务。

（3）光纤通信技术。

光纤通信技术是以光纤为介质进行的信息传输技术，它不仅可用来传输模拟信号和数字信号，而且可以满足视频传输的需求，其数据传输率能达几千 Mbps。在不使用中继器的情况下，传输范围能达到 6 ~ 8 km。

2）无线通信技术

无线通信技术利用非导向性传输媒体在自由空间传播信号，具有优良的可移动性和低廉的扩张成本，但容易受到外界的干扰，频率资源有限，传输速率也受限。

无线通信技术在城市轨道交通中的应用越来越广泛，已成为现代城市轨道交通的重要支柱。目前，在城市轨道交通中广泛应用的无线通信网络主要包括无线通信专网和无线局域网。

（1）无线通信专网。

无线通信专网目前已成为保障城市轨道交通安全生产的重要手段，在无线列调、平面调车、区间移动、单信道对讲机、道口无线、无线车次号传输、尾部风压无线传输、红外轴温无线传输、车号识别等方面，无线通信专网有较大的发展。

（2）无线局域网。

一般来讲，凡是采用无线传输媒体的计算机局域网都可称为无线局域网。无线局域网支持高速突发数据业务，在室内使用时要解决包括多径衰落、相邻子网间串扰问题，同时必须克服在可靠性、兼容性、数据速率、通信保密、移动性、节能管理、小型化、低价格等方面的技术难点。

## 8.2.3 信息处理技术

信息处理技术主要包括信息预处理与信息综合处理两个环节。

1）信息预处理

信息预处理技术就是对各个信息数据源的数据进行缺失数据的识别、异常识别与分析，排除数据采集系统中的错误数据。此外，实际数据获取过程导致的数据缺失和错误数据排除所导致的数据缺失，也应采用一定的技术方法对其进行修复或提供替代数据。数据预处理技术可以提升数据的质量，从而有助于提高数据融合、挖掘过程的精度和质量。

信息预处理过程包括三个部分：①缺失数据的识别；②采集数据的异常识别；③故障信息的修复。

2）信息综合处理

信息综合处理是在经过预处理的数据基础上，通过建立分析模型对获取信息融合和挖掘，辅助交通管理者作出决策。信息综合处理技术主要包括信息融合技术和数据挖掘技术。

（1）信息融合技术。

信息融合技术是指利用计算机对按时序获得的若干观测信息，在一定准则下加以自动分析、综合，以完成所需的决策和评估任务的信息处理技术。信息融合技术的最大优势在于它能合理协调多源数据，并充分综合有用信息，从而提高在多变环境中正确决策的能力，为城轨交通安全信息加工和处理提供了一种很好的方法。

（2）数据挖掘技术。

数据挖掘是从大量的、不完全的、有噪声的、模糊的、随机的数据中提取隐含在其中的、人们事先不知道的、潜在有用的信息和知识的过程。数据挖掘技术又被称为数据库中的知识发现、数据分析、数据融合决策支持等。

**提示：**

对信息的分析处理是城市轨道交通信息化的关键环节。通过建立分析模型，对所获取的信息进行分析处理，实现整合与共享，为管理者的决策提供数据支撑。

### 8.2.4　安全监控技术

安全监控技术是以现代计算机技术、网络技术、自动化技术和信息技术为基础，并在集成平台支持下对城市轨道交通各专业系统进行统一监控，实现各专业系统的信息共享及系统之间的联动控制功能，提高运营效率，为实现城市轨道交通现代化运营管理提供信息化基础。

### 8.2.5　安全预警技术

城市轨道交通安全预警通过安全系统工程学方法，利用先进技术，及时对获取的安全信息进行分析预测，对各种城市轨道交通安全危害征兆进行监测、识别、诊断与评价，并及时报警。

预警信号一般分为红、黄、绿三种颜色，对运营过程出现的不同危机程度发出不同的信号。

①“红灯”表示出现严重危机，应该紧急采取防控措施，防范和化解当前危机，以确保城市轨道交通运营的安全。

②“黄灯”表示出现轻度危机，在未来发展中有转为“严重危机”或转为“正常”的可能。如果由“红灯”转为“黄灯”则应进一步采取和加强各项化解危机的措施和手段，促进运营状况继续趋于正常。

③“绿灯”表示正常，表明运营状况良好，应继续保持。如果由绿灯转向黄灯，则表示运营有出现危机的势头，应及时查找原因，阻止情况发生。

## 8.3　城市轨道交通供电系统信息化

城市轨道交通的供电系统是为城市轨道交通运营提供所需电能的系统，它不仅为列车提供牵引用电，而且还为运营服务的其他设施提供电能，如照明、通风、给排水、自动扶梯、防灾报警等。供电系统信息化，可以极大提高城市轨道交通的管理效率和安全性。

城市轨道交通供电系统信息化主要包括数据采集与监视控制系统（SCADA 系统）、环境与设备监控系统（BAS 系统）、牵引供电管理信息系统（PSMIS 系统）。

### 8.3.1　SCADA 系统

数据采集与监视控制系统（Supervisory Control And Data Acquisition，SCADA），也常被称作 SCADA 系统，是以计算机为基础的电力生产过程控制与调度自动化系统。它可以对电气化城市轨道交通现场的运行设备进行监视和控制，以实现状态信息采集、数据测量、设备控制、参数调节，以及各类信号报警、数据统计等功能。

**1. SCADA 系统的结构**

SCADA 系统由硬件系统和软件系统两大部分组成。

1）硬件系统

城市轨道交通系统所用的 SCADA 系统，采用分层分布式的系统结构。从功能上可以分为：设在控制中心的中央电力调度系统、各牵引变电所内的变电所综合自动化系统及通信信道三大部分，如图 8.2 所示。

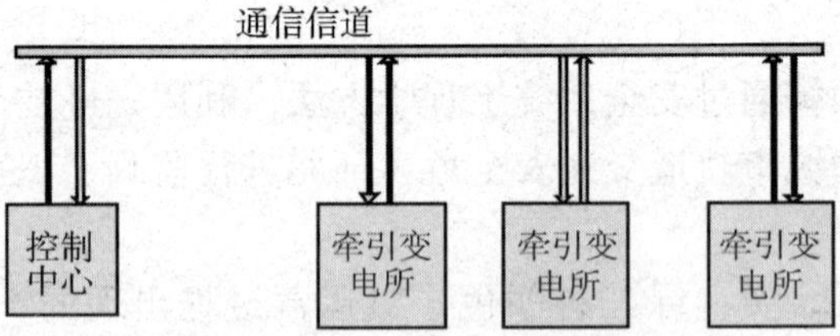


图 8.2　SCADA 系统主体框架

从硬件组成来看，SCADA 系统由前置网和后台实时数据网组成。前置机共两台，互为备用，挂在前置网上，负责与现场 RTU（Remote Terminal Unit，远程终端单元）通信，二者共同构成前置数据采集系统。系统维护工作站、Web 服务器、调度工作站等共用一个后台高速以太网（Ethernet），构成后台实时数据网，如图 8.3 所示。

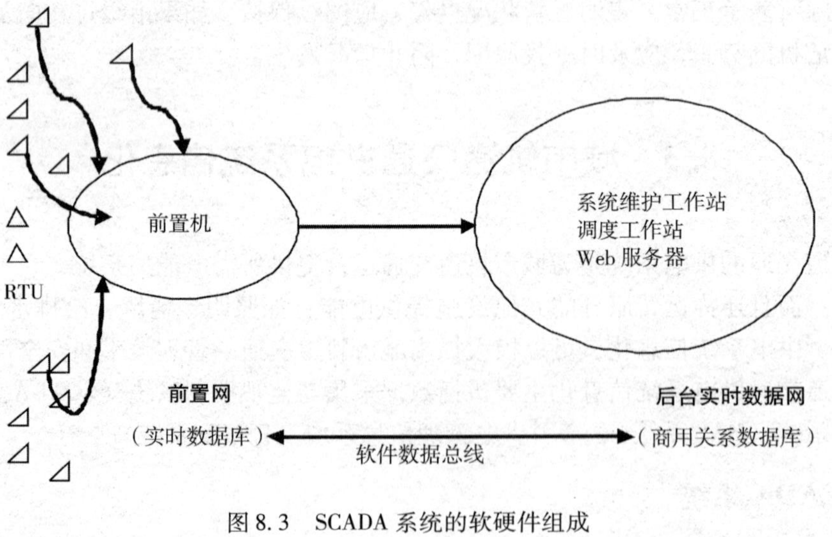


图 8.3　SCADA 系统的软硬件组成

2）软件系统

为满足实时性的要求，在前置机上安装实时数据库。利用实时数据库的快速反应性能，对实时数据进行处理。

后台数据库服务器上安装商用关系数据库软件，采用客户机/服务器（主、备）模式，数据库服务器节点由一主一备构成，以提高系统数据的安全性和可靠性。当一台服务器出现故障时，另一台马上接管全部服务。很多情况下，可以采用第三方的集群软件，保证两台服务器的无缝切换，无信息的丢失。

实时数据库、商用数据库之间相互独立，通过软件数据总线实现数据联结，使系统满足调度自动化实时性的要求，同时也充分利用了商用数据库的数据管理能力；两个数据库之间的数据冗余，提高了数据处理的可靠性。

**2. SCADA 系统的功能**

目前，我国城市轨道交通广泛应用的 SCADA 系统主要功能如下。

1）控制功能

控制功能包括以下 6 个方面：

① 单独遥控：实现对系统中某单一对象运行状态的控制；

② 程序遥控：一系列单独遥控的控制序列组合，包括变电所内程控和变电所间程控；

③ 遥控试验：遥控试验操作过程和实际遥控操作相同，只是不对实际控制对象进行操作；

④ 复归操作：实现对被控站声、光、报警等信号的复归操作功能；

⑤ 模拟操作：包括模拟合闸和模拟分闸；

⑥ 闭锁、解锁操作：对单个、批量及整个变电所的设备进行遥控闭锁操作。

2）遥信处理功能

控制中心的 SCADA 系统通过和变电所综合自动化系统之间的通信，采集遥信信号，并存入系统数据库中，实现对遥信信号的采集、处理功能。正常运行状态下，各变电所将各种设备的运行状态信息实时地传递到控制中心的中央电力调度系统，控制中心通过监视器装置和大屏幕系统对各变电所供电设备运行状态进行监视。

当变电所设备或接触网发生故障时，把故障信息迅速地传递到控制中心显示、打印，同时启动音响报警。遥信信号主要有：

① 断路器、主要的刀闸位置信号；

② 有载调压变压器抽头位置信号；

③ 变电所内事故信号、预告信号、通信工况异常信号、装置自检信息等。

3）遥测及数据处理功能

SCADA 系统对变电所主要电源、电压、功率、温度等模拟量或脉冲量，各保护装置的参数设定值、保护动作值等数字量进行实时采集，并使模拟量在监视器的主接线画面上通过窗口、曲线、棒图等方式动态显示出来。同时，对变压器过负荷情况及其出现时间，以及各种模拟电量的极值及其出现时间进行统计，并对越限量报警。

数据处理主要内容包括：

① 各种开关操作记录（包括站名、对象、性质、发生时间等，打印颜色为黑色）；

② 各种故障记录（包括站名、对象、性质、发生时间等，打印颜色为红色）；

③ 统计报表记录检索；

④ 电流、电压曲线（包括站名、时间）；

⑤ 遥测量超限监视：当电流、电压量超过极限值时，发出超限报警，在需要时可进行打印和存盘；

⑥ 过负荷发生时间、持续时间；

⑦ 当日最大负荷和最高、最低电压、电流的出现时间；

⑧ 电流、电压、电度量等曲线的显示，可以根据不同的时间要求进行时间分隔显示，以便观察电流、电压、电度量在不同时间的变化情况；

⑨ 开关动作次数统计；

⑩ 主变电所谐波检测、感性无功和容性无功测量；

⑪ 可信度检验，过滤掉不在合理范围内的数据；

⑫ 变化率检验，提供对突变数据的过滤功能。

4）遥调功能

中央电力调度系统可对主变电所内有载调压变压器分接头位置进行调节，遥调结果在监视器主画面上显示。

5）事故追忆功能

事故追忆是数据处理的增强功能，它使调度员在一个特定的事件发生后，可以重新显示扰动前后系统的运行情况和状态，以进行必要的分析。现在广泛应用的系统大都具备全部采集数据（模拟量、开关量等）的追忆能力，可以完整、准确地记录和保存电网的事故状态。

6）其他功能

其他功能包括：供电系统运行情况的数据归档和统计报表功能、信息查询功能、用户画面显示功能，显示各变电所主接线和接触网线路图及遥测曲线画面，日报报表、月报报表、年报报表，操作记录报表，打印及画面拷贝功能等。

### 8.3.2 BAS 系统

BAS（Building Automation System）系统是将计算机网络技术与机电设备自动化控制原理相结合，以专门的城市轨道交通环境通风空调及防灾处理等理论为基础的自动化控制系统。该系统利用分布式微机监控系统对城市轨道交通车站及区间隧道内的空调通风、给排水、照明、电梯、自动扶梯、导向标识等机电设备进行全面的运行管理与控制，在发生火灾或列车阻塞等事故情况时，能够及时迅速地进入防灾运行模式，根据火灾报警系统发送的着火点信息或列车自动控制系统发送的阻塞点信息自动调度送风和排风，进行通风排烟，引导人员疏散，极大地提高城市轨道交通运营的智能化和安全性。

**提示：**

BAS系统以节能为特色，综合考虑列车、客流、车站设备、通风等影响空调通风系统负荷的各种因素，根据城市轨道交通热环境变化的规律，对空调通风系统的全年运行方式自动进行调整，不仅可以保障城市轨道交通车站机电系统设备的安全可靠运行，而且还能创造安全、舒适、高效的乘车环境，降低空调通风系统的运行能耗，减少城市轨道交通运营成本。

**1. BAS系统的设备和结构**

1）BAS系统的设备

BAS系统一般由多个控制器和必要的监控设备构成，其结构根据控制设备所承担的任务细分为3个层次——监控层、控制层和接口层。

① 监控层设备。监控层设备包括车站监控工作站、集成后备盘（IBP）和就地图形操作终端。监控工作站和IBP位于车控室内，就地图形操作终端位于车站两端的环控电控室内。

② 控制层设备：包括各种控制器、通信控制器，一般位于车站两端的环控电控室内。

③ 接口层设备：指分布于现场的各种I/O接口及其他智能接口设备，主要位于车站两端环控电控室，其他分布于车站内设备附近。

**提示：**

有时接口层设备和控制层设备是集成在一起的，因此控制层与接口层的物理界线并非很明显，视产品特点而定。

2）BAS系统的网络结构

BAS系统的网络结构同样有3层——监控信息层、实时控制信息层和现场数据层，各层功能如下：

① 监控信息层。监控信息层通常作为监控设备（监控工作站）和控制器之间的网络平台，一般多采用快速工业以太网，其数据通常是监控数据。

**提示：**

也有将以太网兼做控制网用，形成信息与控制网，在该网上既有监控数据又有实时数据。

② 实时控制信息层。实时控制信息层通常用作各控制器之间的网络平台，其数据一般是控制器间的实时控制数据。该网络类型较多，标准亦较多，一般各控制器生产厂家均提供适应自身产品的网络，有些是开放网络，有些是专用网络。由于该层网络是连接控制器的，传输的数据要求其可靠性要高，因此应首选环形拓扑结构、光纤传输介质的网络，并且最好冗余配置通信链路。

③ 现场数据层。现场数据层一般用于控制器和分布式 I/O 之间的现场总线或专用 I/O 总线。有些厂家的控制网支持 I/O 通信，所以在该设备中就没有这一层次的网络。

**2. BAS 系统的主要功能**

BAS 系统大都采用分布式控制系统的多层分布式网络结构，分为管理层、控制层、现场层 3 层，全线 BAS 系统组成 2 级管理体系，实现 3 级（控制中心、车站、现场）控制功能。控制层和现场层是控制系统的灵魂，具有标准化的现场总线模式、智能分布式拓扑结构。

**提示：**

由车站系统的监控层及控制层构成 BAS 车站级，其他构成 BAS 就地级。

1）控制中心级的主要功能

控制中心的主要功能如下：

① 监控并协调全线各车站及 OCC 大楼通风空调设备、给排水、自动扶梯设备的运行；

② 监控并协调全线区间隧道通风系统设备的运行；

③ 对车站机电设备故障进行报警，统计累计运行时间；

④ 对全线环境参数（温度、湿度）及水系统参数进行检测、分析及报警；

⑤ 接收 FAS 系统火灾报警信息并触发 BAS 系统的灾害运行模式，控制环控设备按灾害模式运行；

⑥ 通过与信号 ATS 接口接收区间堵车信息，控制相关环控设备执行相应命令，紧急状况下可通过车站模拟屏控制环控设备执行相关命令；

⑦ 与主时针接口保证 BAS 系统时针同步。

2）车站级的主要功能

车站级的主要功能如下：

① 监视车站及所辖隧道区间的通风空调、给排水、自动扶梯设备的运行状态；

② 调节车站设备，使其协调动作，并可人工干预，对设备进行参数修改和工作模式调整等工作；

③ 及时显示设备故障并报警，显示危险水位；

④ 接收探测点的温度、湿度和二氧化碳浓度信息，及时向中央级传送警报和探测点数据；

⑤ 接受车站级 FAS 系统的报警，并将事故风机等设备转向灾害运行模式，可通过车站模拟屏实现灾害模式的运行。

3）就地级的主要功能

就地级的主要功能如下：

① 就地级控制器设在环控机房和泵房，它们负责传送设备状态给车站级计算机并执行由车站级发布的命令，在车站级故障时，就地级可独立监视和控制设备；

② 就地级控制器可接收探测数据、被控设备的返回信号，并通过发出开关信号或模拟信号去控制设备。

## 8.4　城市轨道交通客运服务信息化

城市轨道交通客运服务信息化主要包括城市轨道交通的乘客信息系统（PIS 系统）和自动售检票系统（AFC 系统）。

### 8.4.1　PIS 系统

PIS 系统是依托多媒体网络技术，以计算机系统为核心，以车站和车载显示终端为媒介，向乘客提供信息服务的系统。

**1. PIS 系统的功能**

正常情况下，PIS 系统主要提供乘车须知、服务时间、列车到发时间、列车时刻表、管理者公告、政府公告、出行参考、股票信息、媒体新闻、赛事直播、广告等实时动态的多媒体信息。

在火灾、阻塞及恐怖袭击等非正常情况下，PIS 系统则提供动态紧急疏散提示，车载设备接收无线传输的信息且经处理后实时在列车车厢 LCD 显示屏播放，使乘客通过正确的服务信息引导，安全、便捷地乘坐城市轨道交通。

**2. PIS 系统的特点**

PIS 系统具有以下特点：

（1）PIS 系统具有友好的人机界面，包括各种显示屏、查询终端触摸屏、应用终端显示屏等。其中，提供给乘客的显示界面，根据系统及显示设备本身的特点，在满足系统功能需求的前提下，充分考虑乘客的视觉享受。

（2）PIS 系统支持 3 类信息：文本、图形和多媒体信息，各类信息的显示可以通过多种方式触发，主要包括：

① 在指定位置始终显示；

② 按照节目表安排在指定时间、指定位置显示；

③ 由操作员触发显示；

④ 由乘客触发显示；

⑤ 由来自其他系统接口的信号触发显示；

⑥ 无输入触发显示。

(3) PIS系统支持数据传送优先级别定义，对定义级别高的数据优先传送处理。当同一时间、同一个显示设备的同一区域需要显示信息时，高优先级的信息能够取代低优先级的信息进行显示。同级别的信息则按照“先进先出”的原则进行显示。

**3. PIS 系统的组成**

PIS系统从结构上可分为中心子系统、车站子系统、车载子系统、广告制作中心、网络子系统。

1) 中心子系统

中心子系统作为整个PIS系统的“大脑”，对整个PIS系统起着决定性的作用。其主要作用是接收车站PIS上传的信息，包括列车早、晚点信息及到站发车信息，同时向车站PIS发送各种控制信息，如选站控制、时钟同步、告警信息发送。

另外，中心子系统设有语音广播器，用于特殊情况下的语音插播。

2) 车站子系统

车站子系统由车站数据服务器、车站播控服务器、车站操作员工作站、屏显控制器、网络系统和集成化软件系统组成，用于转播控制中心发来的实时信息，并叠加本站的信息，如列车运行信息等。车站PIS显示系统如图8.4所示。

图8.4　车站PIS显示系统

3）车载子系统

车载子系统提供预先录制节目的播放及中心子系统对列车的实时信息的发布。主要设备有车辆段 PIS 监控站、车辆段或车站 PIS 数字视频发送设备、车载 PIS 数字视频接收设备、车载显示控制器及无线集群通信系统等。车载 PIS 显示系统如图 8.5 所示。

图 8.5　车载 PIS 显示系统

4）广告制作中心

广告制作中心由广告制作子系统和广告显示子系统组成。

PIS 广告制作子系统由图像存储服务器、非线性编辑设备、视频合成工作站、数字编辑录像机、数字编辑放像机、数字/模拟摄像机、网络系统、合同管理软件系统和屏幕编辑预览系统等组成。

PIS 广告显示子系统由存储服务器、非线性编辑机、线性编辑机、辅助包装工作站、数字编辑录像机、数字多格式编辑放像机、数字摄像机、DV - CAM 摄像机、预览显示控制器、预览 LED 控制器等部分组成。

5）网络子系统

网络子系统逻辑上可以分为三级：第一级为连接控制中心、各个车站的环型或星型光纤骨干网；第二级为车站局域网，主要是自适应以太网或其他能达到同等功能要求的网络，用于连接车站播控设备；第三级是车载无线系统，车载播控设备通过无线网络接口与站台无线接入点连接。

## 8.4.2　AFC 系统

AFC 系统是指交通管理部门中（如城市轨道交通）用于自动售票、自动检票和自动统计、结算的一系列设备所构成的系统。它是集机械、电子、计算机应用、计算机网络管理、通信传输、票务管理等功能于一体的控制系统和信息管理系统。AFC 系统功能已在第 4 章

“城市轨道交通运营组织与管理”一章中介绍，在此简要介绍 AFC 系统的组成。

AFC 系统主要包括车票、现场 AFC 设备、车站计算机系统、中央计算机系统、清分系统。

**1. 车票**

车票是乘客所持的车费支付媒介，能记录车票的系统编号、安全信息、车票种类、个人信息、进出站信息、金额、有效期、历史交易记录等信息，与车站现场设备共同完成 AFC 系统的售检票功能。目前，城市轨道交通多采用非接触卡式及代币式 IC 卡车票。

**2. 现场 AFC 设备**

现场 AFC 设备安装在各车站的站厅，直接为乘客提供售检票服务。车站现场 AFC 设备包括自动售票机、票房售票机、自动充值机、闸机、自动验票机、便携式验票机等。

**3. 车站计算机系统**

车站计算机系统是 AFC 系统中的重要组成部分，在整个 AFC 系统中，车站计算机系统负责对本车站内部的所有设备进行实时监控，并可对车站 AFC 系统运营、票务、收益及维修等功能进行集中管理。

车站计算机系统的运作有两种模式，一种是与中央计算机相连时的“在线运行模式”；另一种是与中央计算机通信中断时的“离线运行模式”。

**4. 中央计算机系统**

中央计算机系统是全线 AFC 系统的监视、控制、管理中心，是整个系统承上启下的重要环节，用于完成以下工作：

① 数据交易、审核、统计、传送等工作；

② 收集本线路 AFC 系统产生的交易和审计数据，并将此数据传送给城市轨道交通清分系统，并与其进行对账；

③ 规定了对该线路的车票票务管理、运营管理及系统维护的技术要求。

**5. 清分系统**

清分系统层即综合中央计算机系统（ACC）层。ACC 为各线路统一制定、发行和管理城市轨道交通专用车票，实现互联互通，并实现与城市公共交通一卡通系统在城市轨道交通各线路中的应用（即“一票通”和“一卡通”），负责对各联网线路“一票通”收益作清算、对账、系统安全管理及有关数据处理等和各联网线路与 IC 卡公司之间的“一卡通”清算、对账等业务。

## 8.5 城市轨道交通安全保障信息化

城市轨道交通安全保障信息化主要包括列车运行自动控制系统（ATC 系统）、火灾报警系统（FAS 系统）和应急救援系统。ATC 在“城市轨道交通通信信号系统”一章中做过介绍，在此主要介绍火灾报警系统（FAS 系统）和应急救援系统。

### 8.5.1　FAS 系统

FAS 系统主要设置在各车站站厅、站台、区间隧道、车辆段、一般设备用房和管理用房等处所，由中央监控管理级、车站（车站与车辆段）监控管理级和现场控制级三级组成。

**1. FAS 系统的功能**

城市轨道交通的车站和区间分为地下、地面和高架 3 种形式。对于不同形式的轨道交通线路，FAS 功能也不一样。地下线的 FAS 系统功能复杂，地面和高架线的 FAS 系统功能简单。下面分控制中心防灾控制室和车站 FAS 控制室两部分重点介绍地下线的 FAS 系统的功能。

1）控制中心防灾控制室

控制中心防灾控制室的功能如下：

① 应能接收并显示全线各区域控制器送来的火灾报警、故障报警和重要防灾设备的工作状态信号；

② 当地下区间发生火灾时，协调相邻两座车站的控制工况，手动或自动向车站发布控制指令；

③ 对全线消防设施进行监控；

④ 对全线火灾事件、历史资料的存档管理；

⑤ 防灾控制室的防灾通信设备应提供与各车站值班员、车辆段（停车场）值班员、列车驾驶员、FAS 检修人员等通话的功能，还应具有直接向市消防部门报警的功能；

⑥ 对控制中心大楼报警和消防设备的监视和控制功能。

2）车站 FAS 控制室

车站 FAS 控制室的功能如下：

① 接收车站及其所辖地下区间的火灾报警信号、显示火灾报警及故障报警部位，并及时打印记录；

② 除自动控制外，还应能手动控制消防水泵、防烟和排烟风机的启或停；应能自动控制防排烟阀的开或关；

③ 控制室在确认火灾后，应能自动启动消防广播，接通警报装置，接通应急照明和疏散指示灯，将电梯全部停于首层；应能手动切断有关部位的非消防电源，开启所有自动检票口、闸门和疏散门，控制屏蔽门的开或关；

④ 显示被控设备的工作状态；

⑤ 显示保护对象的部位、疏散通道及消防设备所在位置的平面图或模拟图，当被保护

对象分散时，在主变电所等重点保护所应设置区域显示器；

⑥ 控制室的防灾通信设备应能提供与列车驾驶员、FAS 检修人员及控制中心、变配电值班室、消防泵房、防排烟风机房、设置有气体自动灭火装置的房间、气体自动灭火钢瓶间等处工作人员通话的功能，还应具有直接向消防部门报警的功能；

⑦ 必须能够显示气体自动灭火系统保护区的报警、相关风阀状态、手动/自动开关位置，并在确认火灾的部位和信息后，能紧急遥控气体喷放和停止的功能；

⑧ 防灾控制室还应对消防栓系统、自动水喷淋系统、防火卷帘门等进行控制和显示；

⑨ 车站 FAS 接收控制中心的命令，强制车站设备监控系统将事故风机按指定的火灾工况运行。

**2. FAS 系统的组成**

FAS 系统一般由局域网、报警、控制、防灾通信、时钟、消防电源、接地等子系统组成。

① FAS 报警系统局域网。FAS 报警系统在各车站、车辆段（停车场）和控制中心应分别设置一台火灾报警控制器和一台专用消防联动控制设备，全线组成局域网。

② 报警子系统。报警分为自动和手动两类，自动报警采用火灾探测器向控制室报警，手动报警采用手动报警按钮或电话向控制室报警。

③ 控制子系统。控制分自动和手动两类，自动控制通过模块实现；手动控制通过硬线、开关和继电器实现。FAS 的控制电源采用直流 24 V，为避免在同一瞬间控制电流过大，在软件编制时将控制命令按序分开，尽量不采用太多的控制点同时动作。当采用一个模块控制多个被控制对象时，不宜采用并联动作，应采用串联动作，即当第一被控制设备动作后，用第一动作完成后的反馈信号去启动下一个被控设备的动作，直至最后一个被控设备的动作完成并给出最终的反馈信号。

**提示：**

采用串联的动作的设备数量不要太多，最好控制在 2 ~ 5 个，且分布不要太散、太远。

④ 防灾通信系统。防灾通信系统包括有线电话、无线电话、防灾应急广播、电视监控等。

⑤ 时钟子系统：FAS 系统的时钟应与全线其他时钟一致，一般采取控制中心的火灾报警控制器接收全线时钟系统校时信号，并对车站的火灾报警控制器提供时钟校时信号的方式。

⑥ 消防电源系统。消防电源系统应设有主电源和直流设备用电源。主电源应按一级负荷供电，由两个独立的电源在防灾控制室进行自切。直流设备备用电源宜用火灾报警控制器

内的专用电池。

⑦ 接地方式。应采用共用接地方式，接地电阻应不大于 1 Ω。

## 8.5.2　应急救援系统

应急救援系统通过对轨道交通车站、线路设施及客流情况的研究，科学地运用各种现代技术，按照交通规章制度的要求，合理地引导、限制和组织客流，进行安全管理和事故处理，以保障城市轨道交通运行快捷、安全、舒适、畅通。

### 1. 应急救援系统的功能

应急救援系统的功能如下。

① 通过对事故现场和关键地段的实时监控，对潜在的危险或事故状况及时反馈。由于城市轨道交通的封闭（或半封闭）特性，监控方式必须具有高度的灵活性和可移动性，同时必须保证监控信息的通信质量。

② 对突发事件实现快速诊断和通报，缩短事故响应时间。

③ 自动生成最佳应急救援方案，缩短救援管理响应时间。

④ 应急救援常规管理自动化，自动生成事故记录和救援报告，完善事故预防和救援方案。

### 2. 应急救援系统的总体框架

根据应急救援系统的功能，应急救援系统主要包括信息采集、应急救援处理、文档管理和现场信息调度等几个子系统，各子系统的功能如图 8.6 所示。

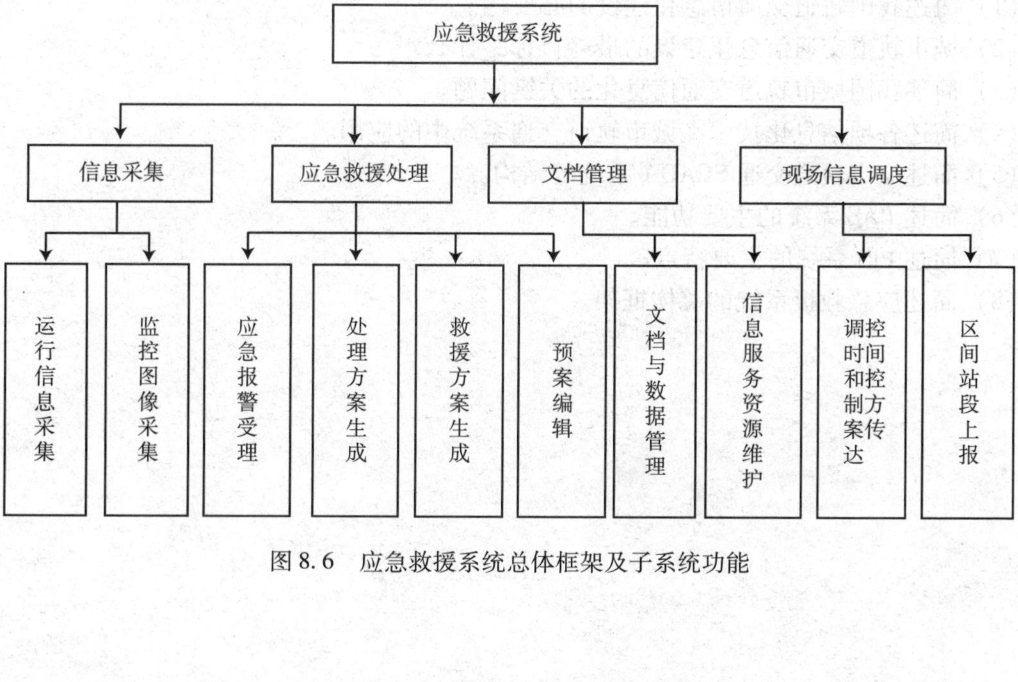


图 8.6　应急救援系统总体框架及子系统功能

## 复习思考题

### 1. 填空题

(1) 现代感测技术主要包括__________和__________。

(2) __________是信息采集的首要环节，是实现现代化测量和自动控制的重要组成部分。

(3) 通信技术用于将信息从信源传向信宿，中间要经过__________、__________、__________几个环节。

(4) 根据传输线路的不同，通常将通信技术分为__________和__________。

(5) 信息处理技术主要包括__________与__________两个环节。

(6) __________系统是以计算机为基础的电力生产过程控制与调度自动化系统。

(7) __________系统对城市轨道交通车站及区间隧道内的空调通风、给排水、照明、电梯、自动扶梯、导向标识等机电设备进行全面的运行管理与控制。

(8) FAS 系统由__________、__________和__________三级组成。

### 2. 问答题

(1) 简述我国轨道交通信息化建设的必要性。

(2) 城市轨道交通信息化建设的最终目标是什么？

(3) 简述我国城市轨道交通信息化的关键问题。

(4) 简述各项信息化技术在城市轨道交通系统中的应用。

(5) 简述城市轨道交通 SCADA 系统的结构。

(6) 简述 BAS 系统的主要功能。

(7) 简述 PIS 系统的主要特点。

(8) 简述应急救援系统的总体框架。